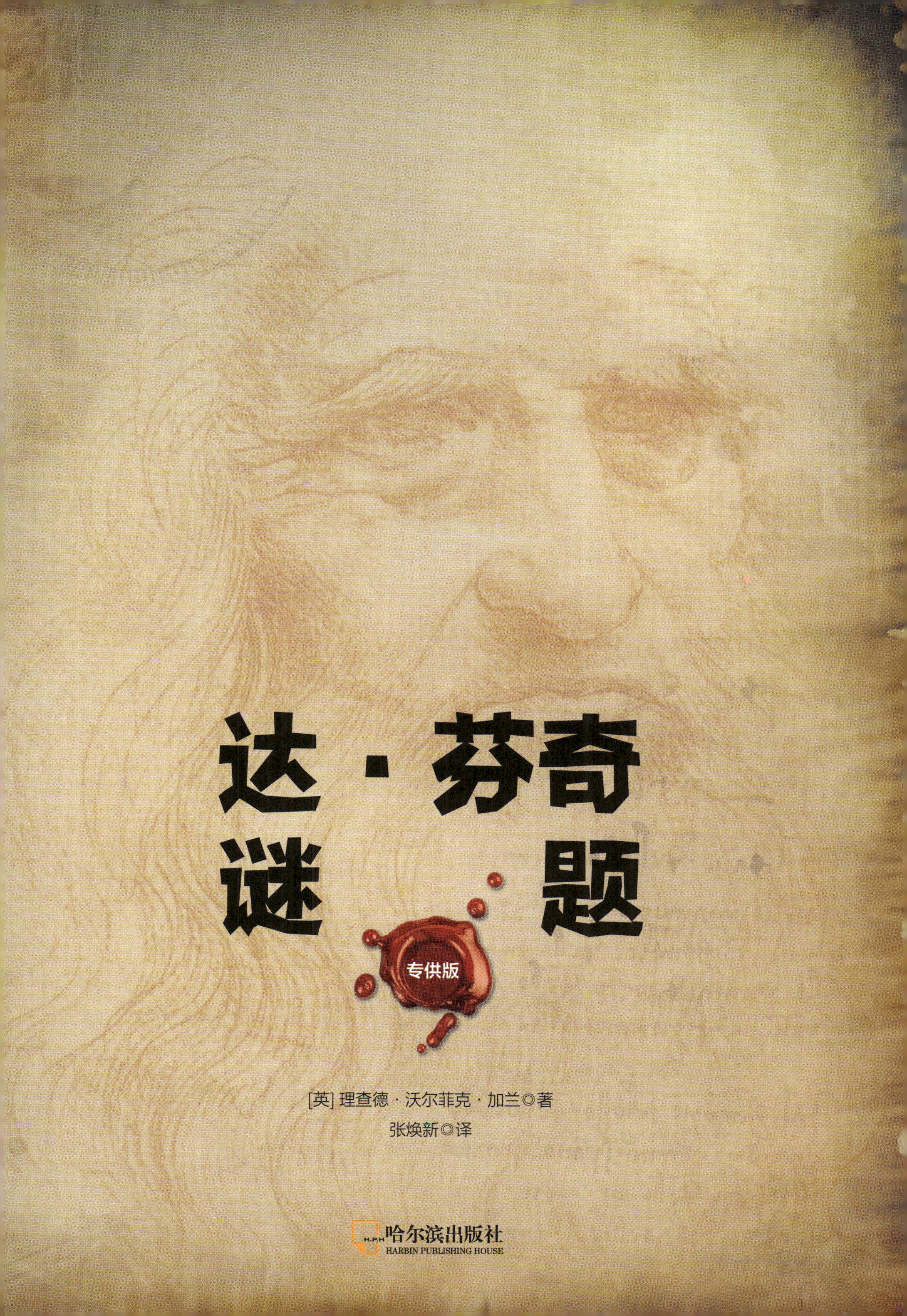

达·芬奇谜题

专供版

[英] 理查德·沃尔菲克·加兰◎著

张焕新◎译

哈尔滨出版社
HARBIN PUBLISHING HOUSE

黑版贸审字08-2017-091号

图书在版编目（CIP）数据

达·芬奇谜题：专供版 / (英) 理查德·沃尔菲克·加兰著；张焕新译. — 哈尔滨 :哈尔滨出版社, 2019.1

书名原文: The Leonardo Da Vinci Puzzle Codex

ISBN 978-7-5484-4144-1

Ⅰ. ①达… Ⅱ. ①理… ②张… Ⅲ. ①智力游戏 Ⅳ. ①G898.2

中国版本图书馆CIP数据核字(2018)第151227号

书　　名：达·芬奇谜题：专供版
DAFENQI MITI ZHUANGONG BAN

作　　者：[英] 理查德·沃尔菲克·加兰 著
译　　者：张焕新
责任编辑：孙　迪　李维娜
责任审校：李　战
封面设计：末末美书

出版发行：哈尔滨出版社（Harbin Publishing House）
社　　址：哈尔滨市松北区世坤路738号9号楼　**邮编**：150028
经　　销：全国新华书店
印　　刷：中华商务联合印刷（广东）有限公司
网　　址：www.hrbcbs.com　www.mifengniao.com
E-mail：hrbcbs@yeah.net
编辑版权热线：（0451）87900271　87900272
销售热线：（0451）87900202　87900203
邮购热线：4006900345　（0451）87900256

开　　本：889mm×1194mm　1/16　**印张**：15.25　**字数**：120千字
版　　次：2019年1月第1版
印　　次：2019年1月第1次印刷
书　　号：ISBN 978-7-5484-4144-1
定　　价：99.00元

凡购本社图书发现印装错误，请与本社印制部联系调换。
服务热线：（0451）87900278

The Leonardo da Vinci Puzzle Codex

达·芬奇谜题

[英] 理查德·沃尔菲克·加兰◎著
张焕新◎译

专供版

哈尔滨出版社
HARBIN PUBLISHING HOUSE

目录

学徒级谜题

专家级谜题

大师级谜题

前　言

生活本身就是一道难题。生活中总有无穷无尽的问题，等待着我们去解决。

对于层出不穷的日常难题，古希腊人和古罗马人从来不吝耗费心思，因此，他们的文化才得以蓬勃发展，以至繁荣辉煌。然而，令人悲哀的是，当理性的、思辨的哲学走向衰落的时候，欧洲陷落到有意忽视理性思辨哲学的昏昧岁月。这一时期，在人类历史上被称作“黑暗时代”。

幸运的是，几个世纪后，质疑的思想从中世纪思想的灰烬中燃起，以势不可当的磅礴力量，再现历史舞台。于是，一个气象万千的崭新时代，一座文化史上光彩夺目的不朽丰碑——“文艺复兴”到来了！

这个时期，无论是科学领域，还是艺术领域，都取得了史无前例的巨大进步。文艺复兴时期那些伟大的倡导者，至今依然被后人深深铭记。不过，没有任何人能够像莱昂纳多·迪·皮耶罗·达·芬奇那样，超越万众，成为那个时代所有理想最杰出的代表。

达·芬奇于1452年出生在佛罗伦萨，他是一个私生子，母亲是一个农妇。我们无从考察这位巨人的基因是否优良，但毫无疑问，他那些了不起的成就，更

多地得力于他所生存的伟大时代。

达·芬奇无疑是人类历史上最博学的人之一：画家、作家、自然科学家、工程师以及解剖学家——这些只是他众多身份的一部分而已。

特别需要关注的是：他对世界无法遏制的好奇心、他非凡的智慧，以及他多向思考的能力，使他成为历史上是最伟大的解谜高手。同时，他也擅长运用隐秘的方式，创建各种谜题。在他留给世人的未解之谜中，有许多至今依然严重考验着我们的智商。

本书是一套智力谜题专辑。其中一些经典谜题，几个世纪以来一直困扰着解谜者，同时也给众多探索者带来无尽的快乐。书中所有的谜题，都设定在达·芬奇的时代。在这里，我们将会遇见与他同时代的许多名人，也会更加深入地了解这位伟人的光辉成就。但是，本书绝不是一本历史教科书——作者只是借用某些事件和人物，自由地穿行其中，目的是尽可能地使您的解谜过程充满趣味与欢乐。

多谢您的关注!

最崇高的乐趣就是理解的喜悦。

——达·芬奇

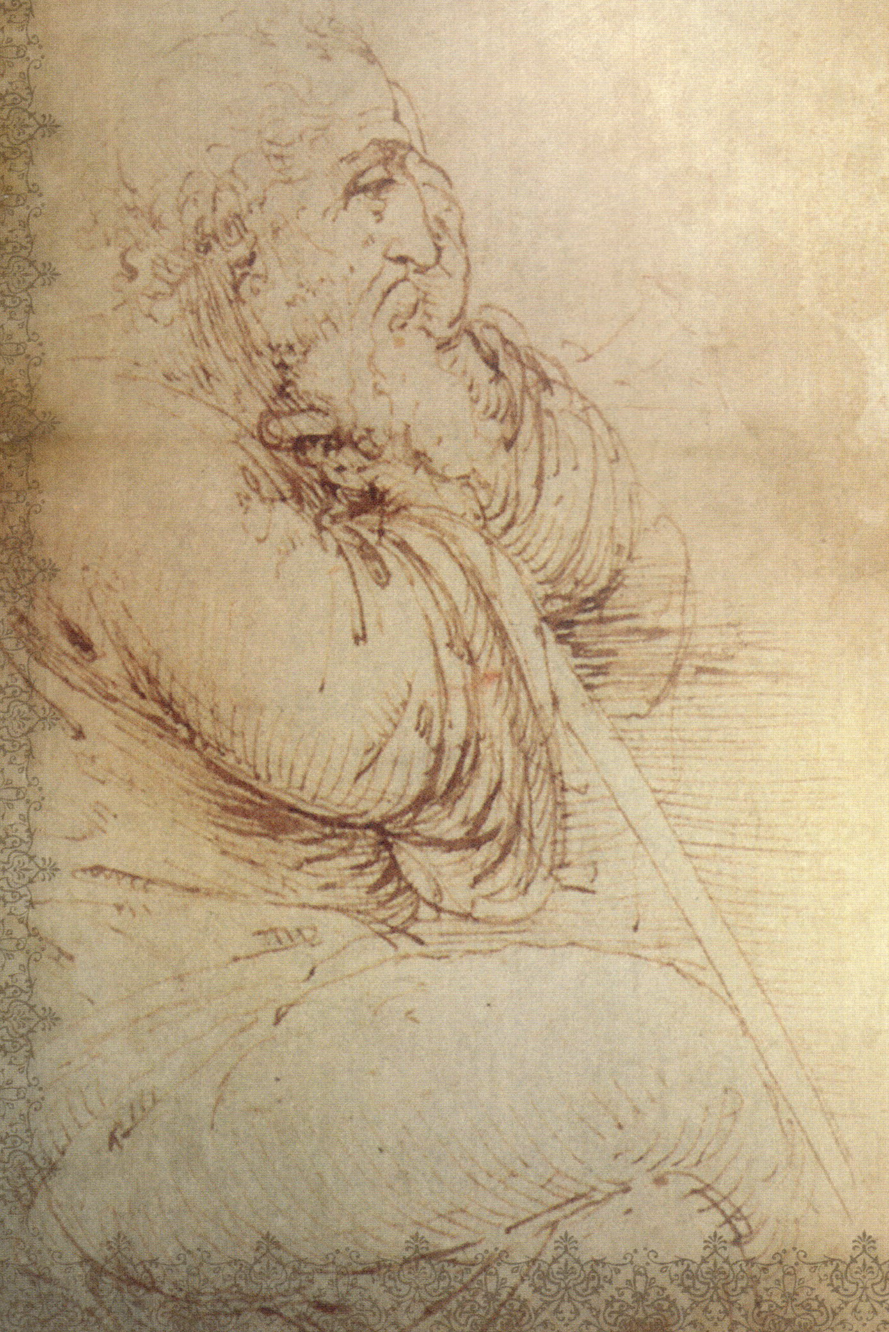

新手级谜题

达·芬奇门下有许多学生，包括吉安·贾可蒙·卡坡蒂·达奥伦诺。人们常常叫他沙莱（“不干净的人”或者“恶魔”），沙莱10岁的时候来到达·芬奇的家中，把他的家作得底儿朝天，但这并没有影响达·芬奇对这个小学徒的喜爱，很可能是这个“小恶魔”顽皮的举动带给他许多创作的灵感。之后，这个学徒就以“沙莱”的名字开始了他的绘画创作生涯。

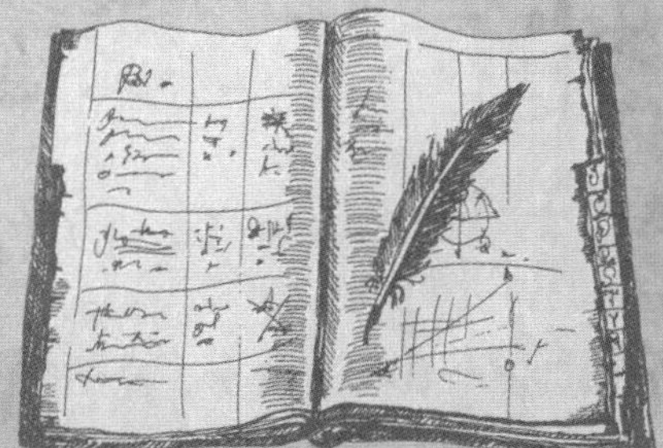

12

艺术品的价值

衡量艺术品的价值是很主观的，但是在这里，我们假设艺术品的价值是可以用客观标准衡量的。那么，请判断以下艺术品的价值，并计算出问号代表的数字。

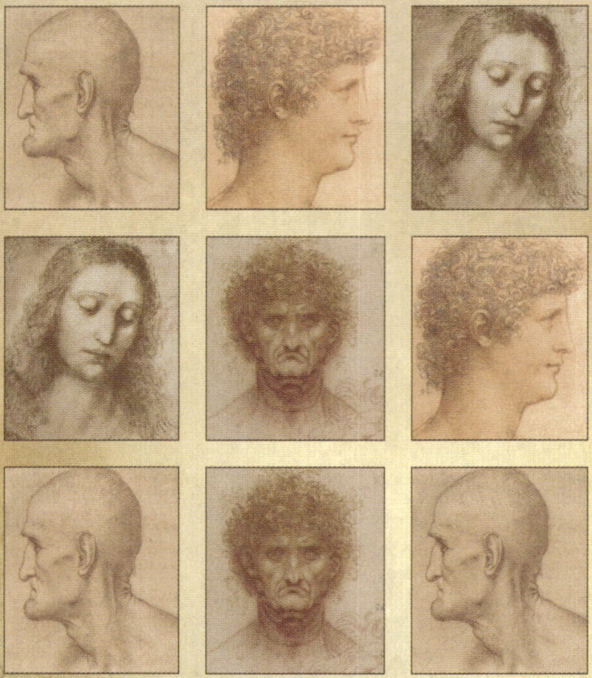

6

9

6

4　　11　　?

答案见167页

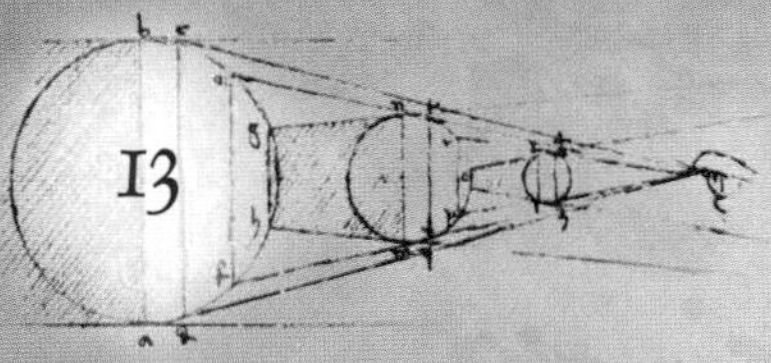

13

一支箭

一天晚上，沙莱很晚才回家。

此时，达·芬奇毫无睡意，正在忙着弄一个新玩意儿，这对沙莱来说已经司空见惯了。

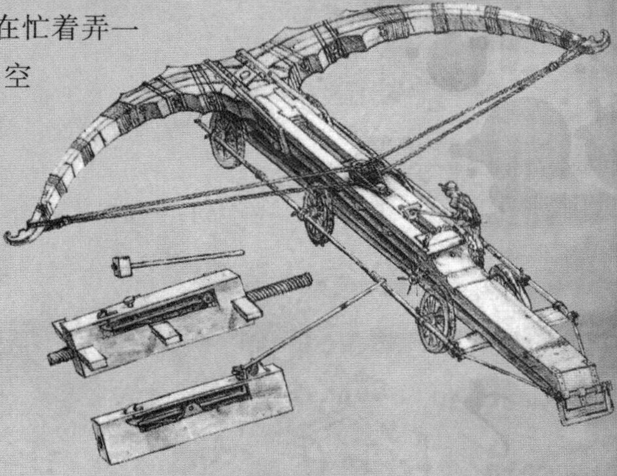

“师傅，您在做什么呢？”他问道。

“一个机械弓，上箭很快的那种。”达·芬奇回答，“不过，令我难过的是，这个东西的唯一用处却是用木箭射穿人的身体。”

沙莱孩子般地笑了起来。

达·芬奇抬头看了看他，表情有些不悦：“‘小恶魔’，你喝酒了吗？”

“绝对没有！”这个学徒说道，语气中带有一些反抗。

师傅半信半疑，学徒接着说道：“师傅，我和您打个赌，我把我的帽子挂好，然后走到屋里最远的角落，用您的新弓搭上箭，我可以闭着眼睛射穿这顶帽子。”

达·芬奇对学徒的把戏（愚蠢的举动）产生了兴趣，于是，他说道：“如果你能做到，我就原谅你刚才的不敬。”

当然，达·芬奇已经猜出沙莱将如何成功地展现“射击绝技”了。

你猜出来了吗？

答案见167页

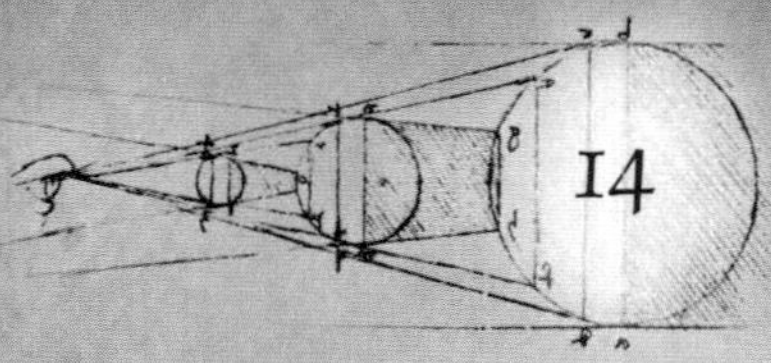

14

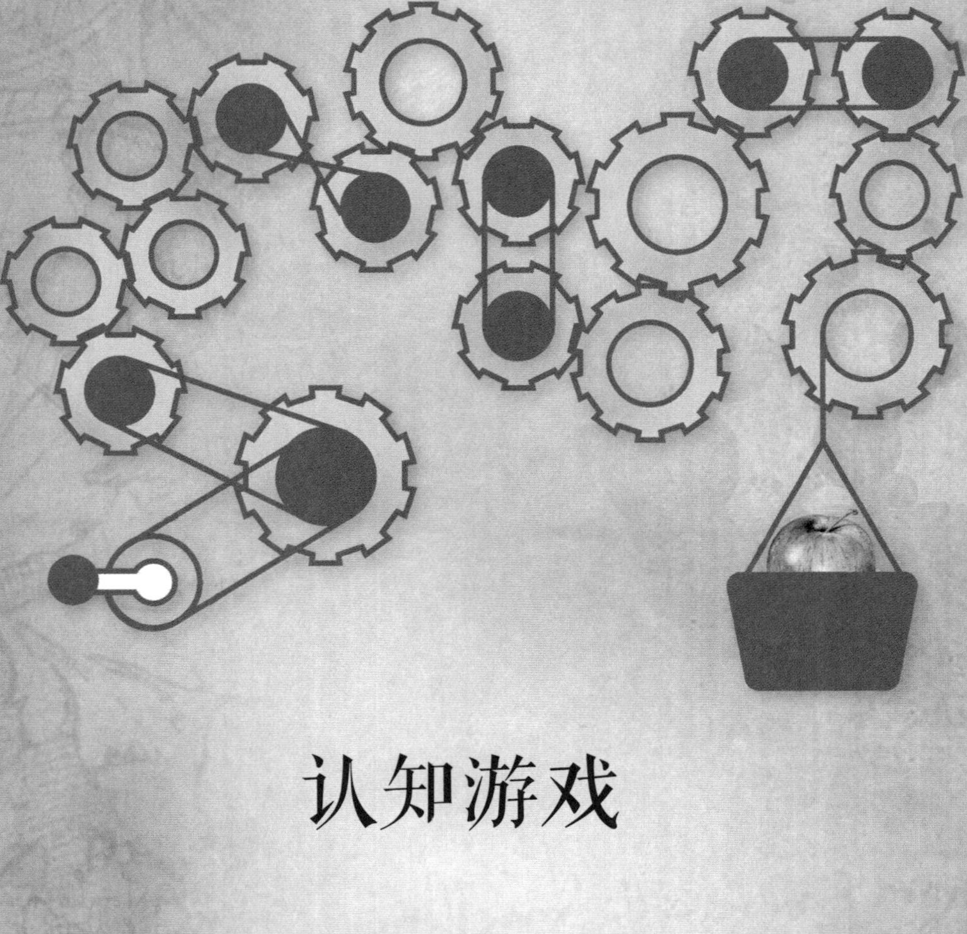

认知游戏

达·芬奇组装了一台精美的机器，用来帮助学徒们了解一些基本的工程原理。

“‘小恶魔’，你的晚餐挂在这个绳子的末端，如果今晚你想吃饭的话，就谨慎地选择——是将扳手按顺时针方向旋转，还是逆时针方向旋转，才能把晚饭降下来？”

答案见167页

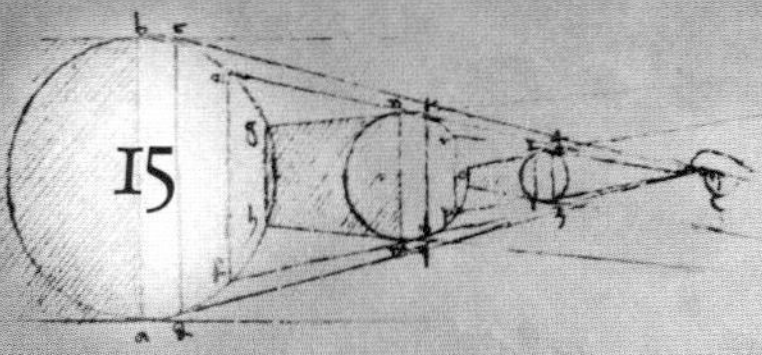

图案识别

达·芬奇对沙莱说：“如果你想在艺术和科学上取得成就的话，很重要的一点就是你能识别出不同的图案。”

达·芬奇问：“你能告诉我，下面的空白框格中放什么符号才合适吗？”

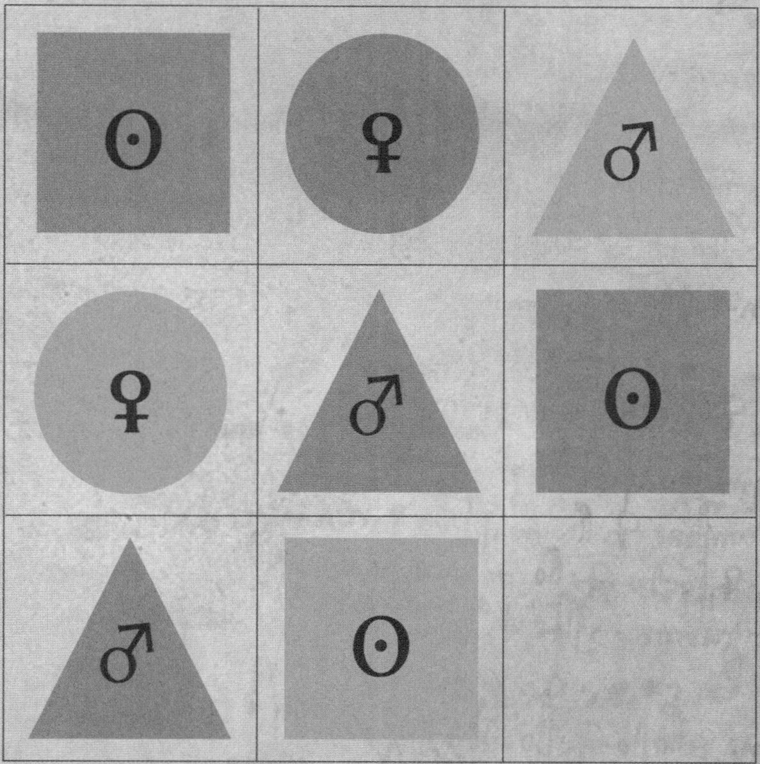

答案见167页

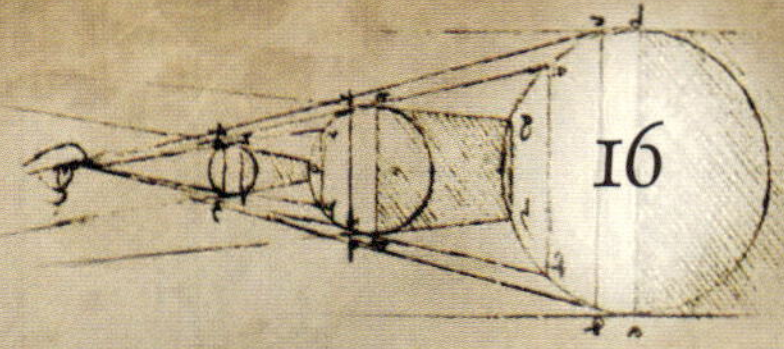

拼图谜题

下一页是达·芬奇的油画作品《纺车边的圣母》，作品中有五处遗失了，你能将下方标有数字符号的碎片和画作中的符号匹配上吗？

I

II

III

IV

V

答案见168页

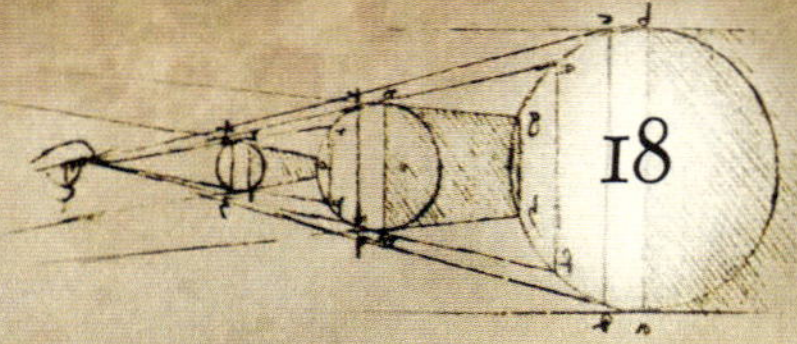

18

翻 牌

达·芬奇的工作台上摆着4张牌，顺序如下图：

沙莱问道：“师傅，这是一个游戏吗？”

“一个谜语。”达·芬奇回答，“这些牌的背面要么是金色的，要么是绿色的，而正面的图案或者是水杯，或者是一颗星。那么，小沙莱，我问你一个问题：每个金色牌的正面都是一颗星的图案吗？要想知道这个问题的答案，你必须翻开哪些牌呢？”

答案见169页

19

商 人

一个商人来到米兰卖宝石。上午，他卖掉了$\frac{1}{3}$的宝石；下午卖掉了剩下的宝石的一半；晚上，正当他准备离开的时候，一个贵族买下了他剩下的所有3颗宝石。

这个商人共带来多少宝石？

答案见169页

20

专注力谜题

下图中都是达·芬奇的素描。它们是随意摆放的，每幅素描出现两次，仅有一幅出现一次。你能找到它吗?

21

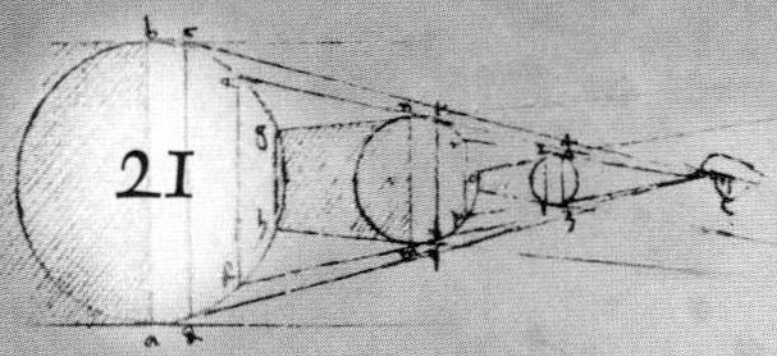

答案见170页

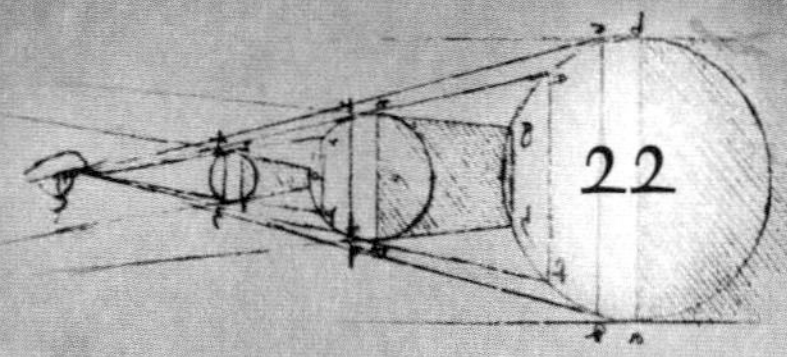

太聪明了

沙莱将一张刻了字的羊皮纸推到了达·芬奇的面前，打断了师傅的思路。

“我给您出一道谜题吧。”

达·芬奇笑了笑，同意了。他认为学徒给他的只不过是一些数字符号而已。

1
1 1
2 1
1 2 1 1
1 1 1 2 2 1
3 1 2 2 1 1
1 3 1 1 2 2 2 1
1 1 1 3 2 1 3 2 1 1

过了一会儿，达·芬奇的笑容消失了，眉头紧锁。“沙莱，这什么都不是。从这些数字中，我找不到任何规律。你在开玩笑吗？”

“师傅，我绝对没有开玩笑。您不是教导我，要寻找最简单的方法解决问题吗？”

达·芬奇擦了擦眼睛，接着又看了起来。突然，他的脸上露出了笑容：“嗯，‘小恶魔’！”

你知道下一行的数字是什么吗?

答案见170页

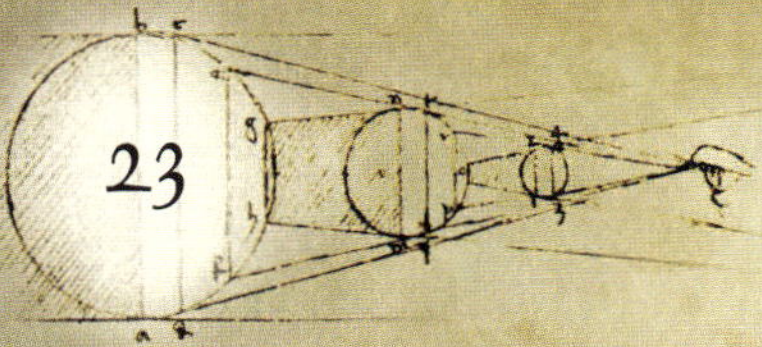

23

达·芬奇谜图

这是现代人喜欢的文艺复兴时期的画卷，以下是9个占星术符号：你能将这9个占星术符号插入到下方的框格中，使得每个符号在每一行、每一列以及每个3×3的框格内仅出现一次吗？

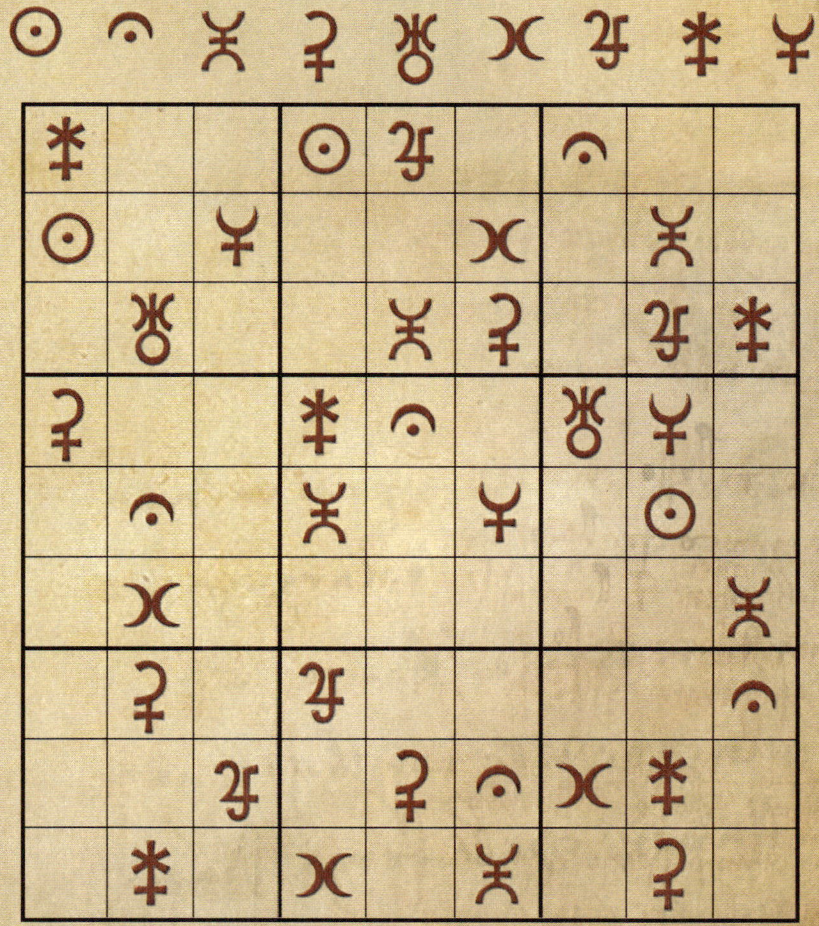

答案见171页

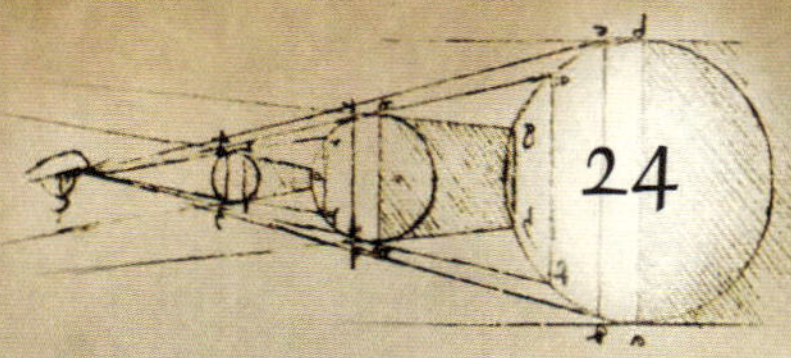

拼图谜题

下一页是油画《哺乳圣母》，作品中有五处遗失了，你能将下方标有数字符号的碎片和画作中的符号匹配上吗？

I

II

III

IV

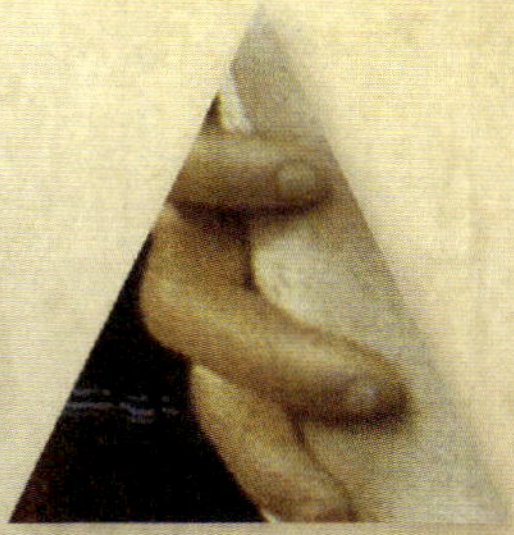

V

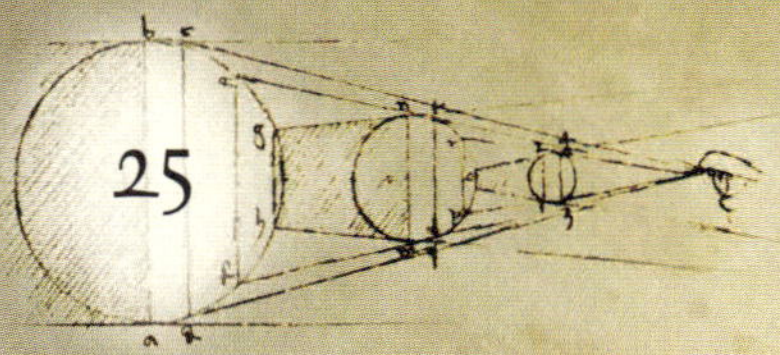

答案见172页

26

图案识别

请看下面框格中的图案，并判断空白框格中应该是什么图案。

答案见173页

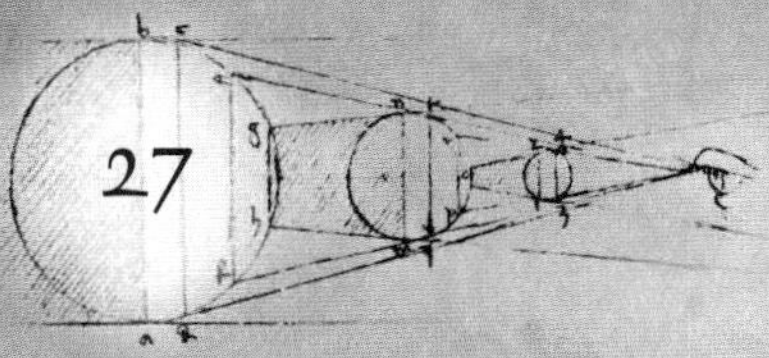

27

算术的艺术

一天早上，达·芬奇问道：“沙莱，你认为你善于观察吗？”

“是的，师傅。”这个年轻的学徒漫不经心地回答。

“那么，来看看这个。现在，你看到我把0到14的数字分成了三组。”

第一组	第二组	第三组
0 3 6	1 4 7	2 5 10
8 9	11 14	12 13

“哦，不，师傅。你知道我多么讨厌算术题。”

“‘小恶魔’，你会对这道题感兴趣的。我想知道，应该把15、16和17分别放到哪个组里呢？”

答案见173页

28

背道而驰

为了不让士兵挨饿，公爵向贫穷的农奴们征税，要求他们上缴粮食，还要用麻袋装好。

不满的农奴们照做了，不过，他们认为变质的粮食也可以作为税上交。因此，当征税结束后，97%的粮食都是变质的。

那么，要装满一袋可食用的粮食，必须得收多少袋这种变质的粮食呢？

答案见174页

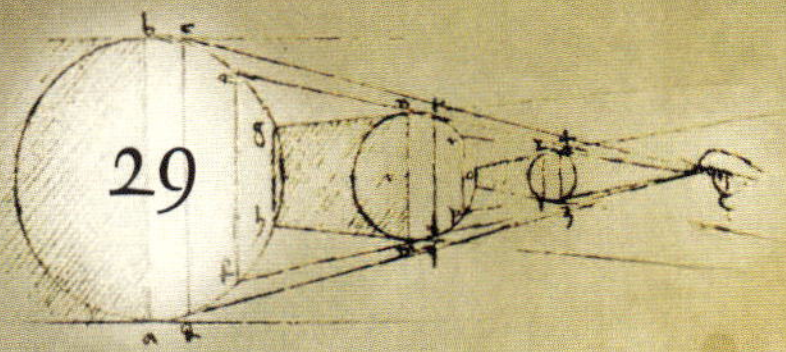

29

达·芬奇谜图

你能将这9个占星术符号插入到下方的框格中，使得每个符号在每一行、每一列以及每个3×3的框格内仅出现一次吗？

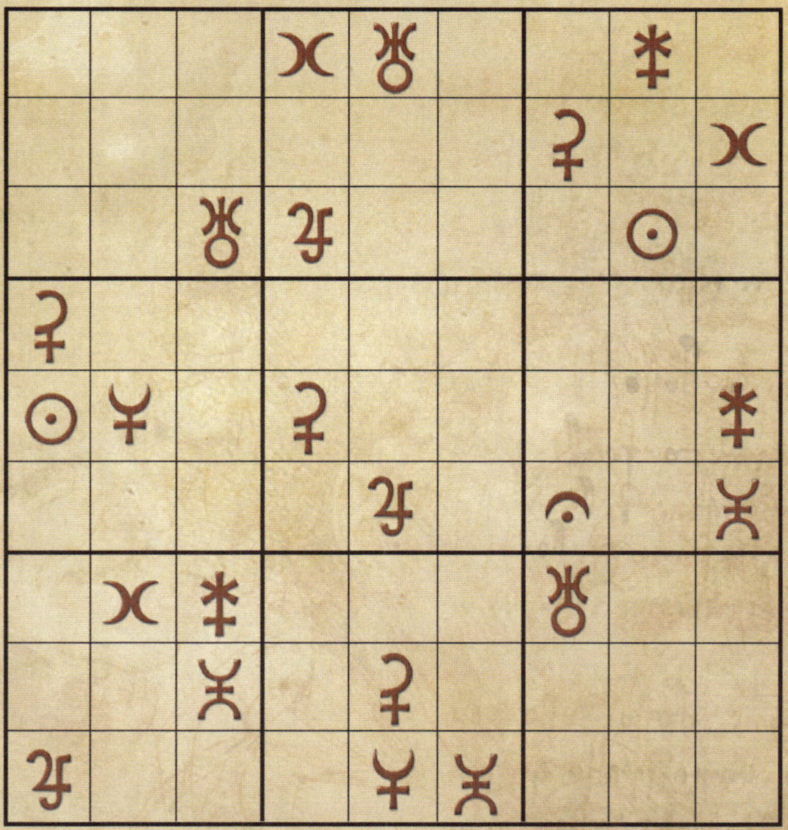

答案见174页

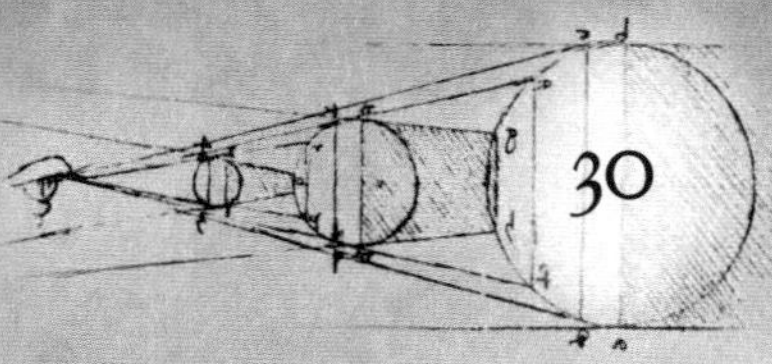

30

一群人？

达·芬奇宣布：“今晚有客人来家里共进晚餐。”

“有多少人要来？”沙莱问道。

“我只能告诉你，除了两人以外，其他人都来自米兰；除了两人以外，其他人都来自威尼斯；除了两人以外，其他人都来自佛罗伦萨。”

“但是，师傅，我们的客厅这么小……等一下，多少人来着？”

答案见175页

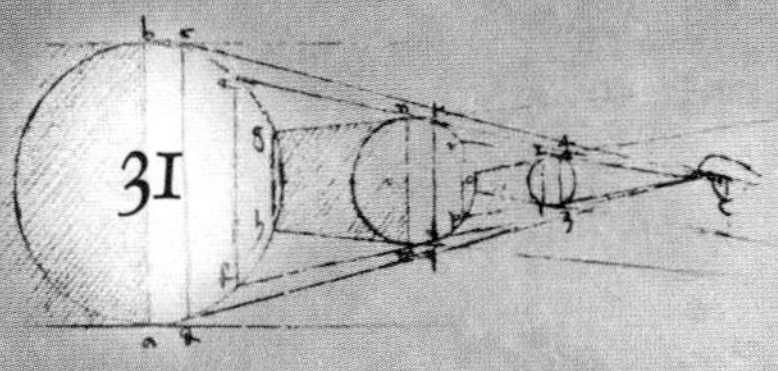

31

仅仅一个力矩

“有生就有死，有天才就有傻瓜。造物主似乎已经规定好了：一切都要尽可能达到平衡。”达·芬奇若有所思地说。

沙莱漫不经心地抬起头，但什么都没说。师傅继续说：“来观察一下这个奇妙的装置。你可以看到，这个杠杆分成了相同的几个单位，杠杆的两头绑有两根结实的绳子。但是注意，它们不是对称的。”

“如果我在左侧的绳子上，悬挂一个重达4个单位的砝码，那么我应该在右侧的绳子上，悬挂多重的砝码才能够达到平衡呢？”

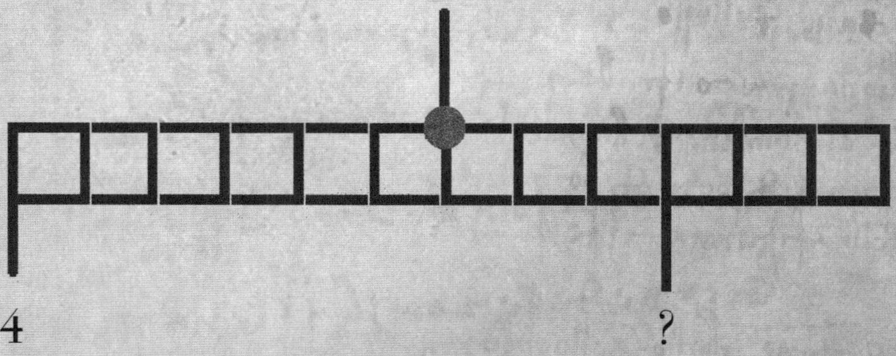

答案见175页

32

公 会

一个正方形的小镇设有炼金师行会、商业行会、艺术家行会和小偷行会，这些行会都位于同一条街，排成一排，如下图所示。因为多年不和，行会的会长们决定将小镇平均划分。那么应该如何划分小镇，才能使得每个会长都掌管一个完整的区域，并且他们的行会会所正好在这个区域内呢？

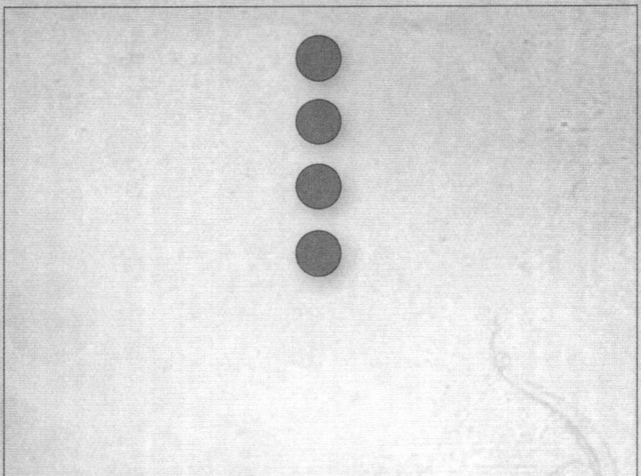

答案见176页

33

艺术品的价值

请判断下面每件艺术品的价值，并计算出问号代表的数字。

15

8

14

11　　15　　?

答案见176页

34

一枚硬币

当沙莱看到工作台上摆放的硬币的时候，眼睛立即发出了亮光。

“‘小恶魔’，别有任何想法——这是一道谜题，让你来解答。”达·芬奇说。

“师傅，如果在市场的话，我会非常高兴地解答这道题。”沙莱笑着说。

达·芬奇说：“如果你能将一枚硬币挪到十字形的任何一个位置上，使我能够看到每行和每列都有6枚硬币，你就可以得到一枚硬币。”

答案见177页

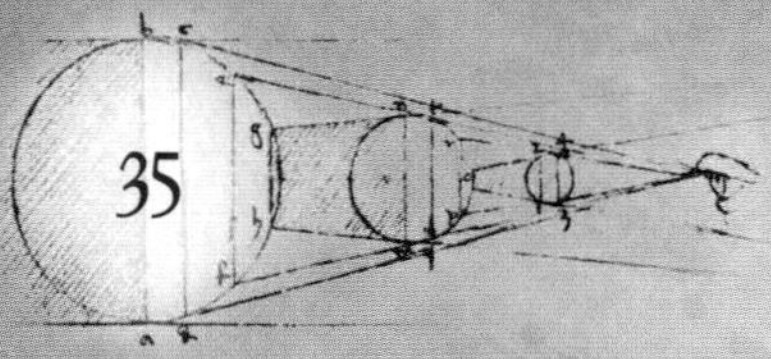

35

绳 子

一个美丽的春天的早晨，达·芬奇提议去散散步。

令人感到奇怪的是，他没有带早餐篮，却带着一根长长的绳子。他让沙莱扛着绳子，一直来到了森林深处。

这个年轻的学徒不敢问师傅绳子用来做什么，只等师傅自己来解释。最终，两个人从树叶繁茂的森林来到了一块环湖的开阔的圆形空地上。在湖的中央有一座小岛，小岛上有一棵大橡树。

达·芬奇在湖边停下了脚步，湖边孤零零地长着一棵柳树。他对沙莱说：“在那座小岛上长着一些稀有的蘑菇。今天，小沙莱，你的任务就是采蘑菇。”

“师傅，您知道我不会游泳。”

“所以，你看，我带来了绳子。这个湖的直径是400码，你应该是知道的，你带的绳子比这个距离还要长出几码。”

说完，师傅转身离开了，留下他的学徒在那里冥思苦想。

沙莱该怎么做呢？

答案见177页

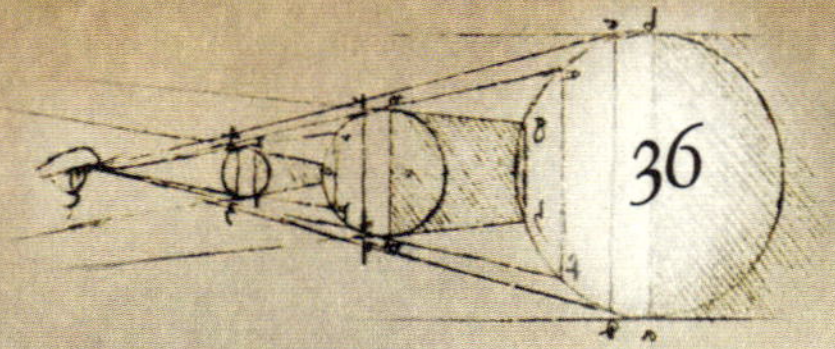

拼图谜题

下一页是油画《圣母子与圣安妮》，图中有5处遗失了，你能将下方标有数字符号的碎片和画作中的符号匹配上吗？

I

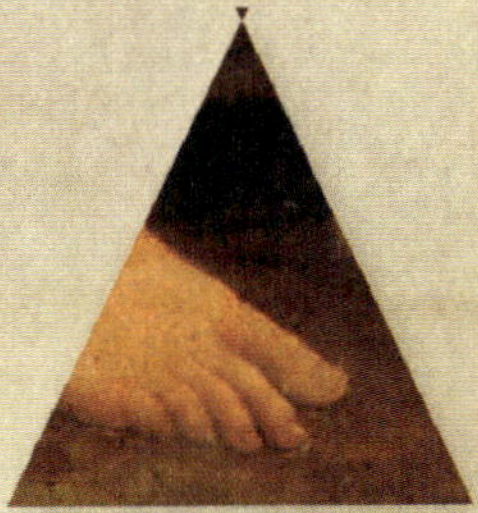

II

III

IV

V

37

答案见178页

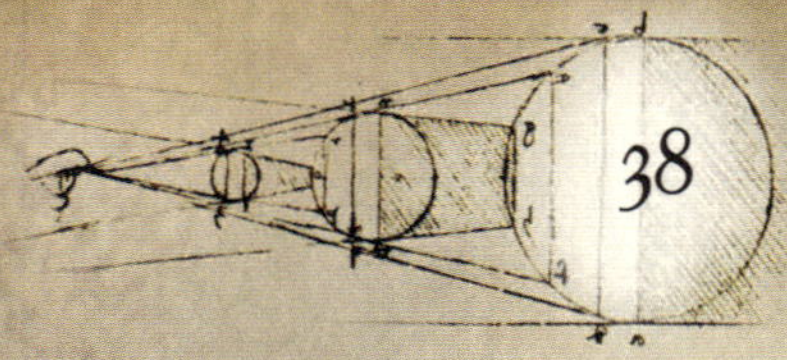

达·芬奇谜图

你能将这9个占星术符号插入到下方的框格中，使得每个符号在每一行、每一列以及每个3×3的框格内仅出现一次吗？

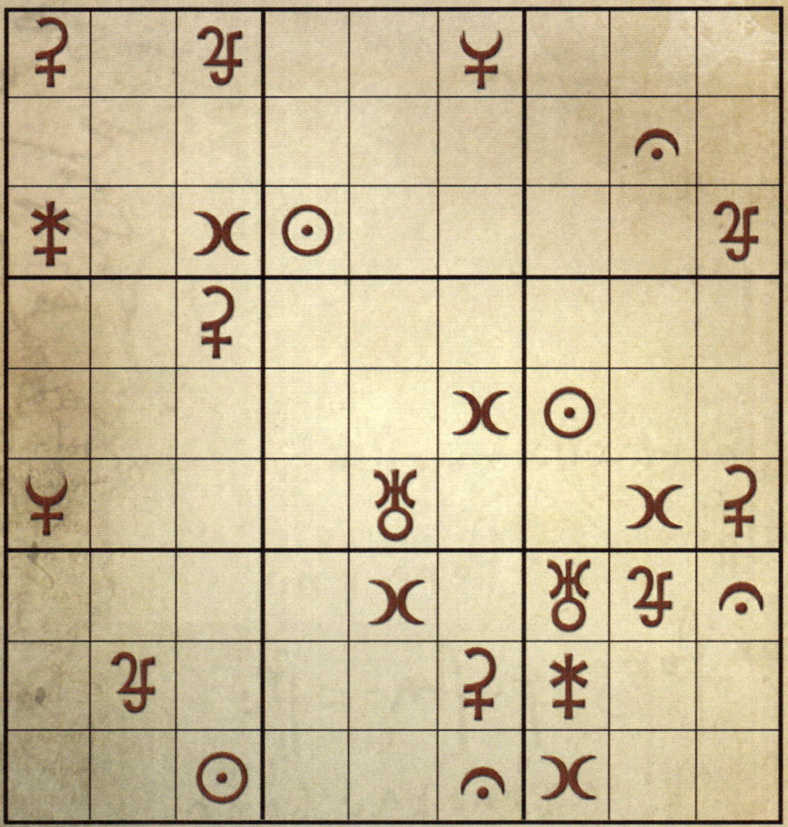

答案见179页

39

时间沙漏

机械钟表是在文艺复兴时期出现并开始使用的，但计时不是非常准确。直到达·芬奇去世200年以后，人们发明了钟摆，才提高了它的准确性。

不出所料的是，在达·芬奇的手稿中记录着计时装置的改善方案。

一种不太复杂的计时方法是沙漏计时器。在这种计时器中倒入沙子，沙子从沙漏中漏下，在一定时间内刚好漏完。假如你有一个可测时4分钟的沙漏和一个可测时7分钟的沙漏，你想测时9分钟，应该怎么做？

答案见180页

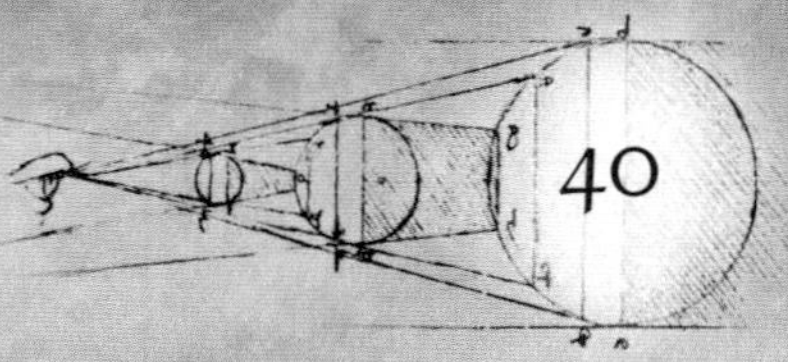

图案识别

请观察下面框格中的图案，并判断空白框格中应该填什么图案。

答案见*180*页

41

迅速作答

达·芬奇问："小沙莱，现在你应该很擅长做平衡题了。你看看这幅图，图中的绳子上应该悬挂多重的砝码才能保持平衡？"

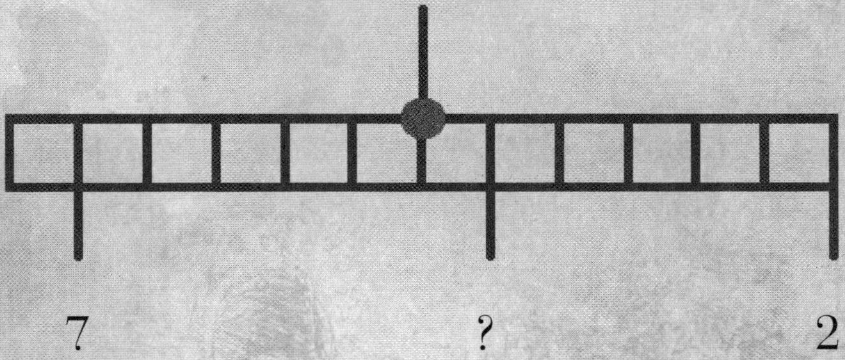

答案见181页

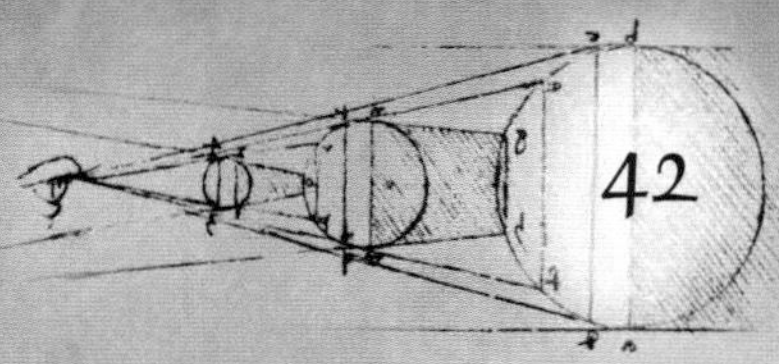

42

专注力谜题

请看下图中随意摆放的达·芬奇的素描，每幅素描出现两次，仅有一幅出现一次。你能找到它吗？注意：这些图中，有的是倒过来的，有的大小不同，但是它们仍然算是同一幅素描。

43

答案见181页

44

艺术品的价值

请判断下面每件艺术品的价值，并计算出问号代表的数字。

8

18

16

10　　20　　?

答案见181页

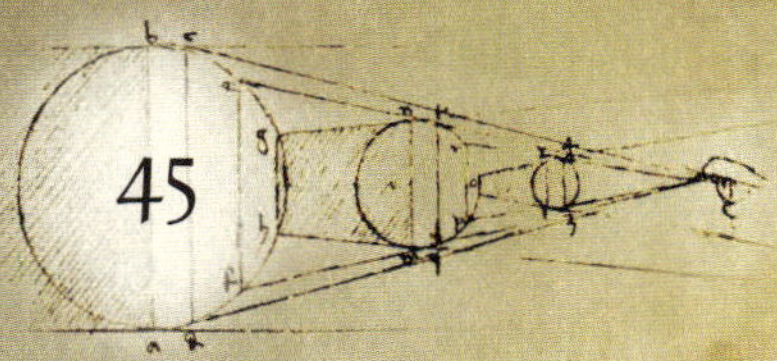

45

两枚硬币

当沙莱从市场回来的时候，他发现硬币被摆成了一个正方形图案。

他注意到，这些硬币的正反面是交替摆放的。

“请重新摆放这些硬币，如果你能使每列硬币的图案都相同，或者都是正面，或者都是反面，我们就可以吃晚饭了。”达·芬奇说。

“这不难。”

“你只能挪动两枚硬币。”

沙莱被这突如其来的条件震住了，咕哝了一会儿。

答案见182页

46

拼图谜题

下一页是油画《持康乃馨的圣母》，图中有五处遗失了，你能将下方标有数字符号的碎片和画作中的符号匹配上吗？

I

II

III

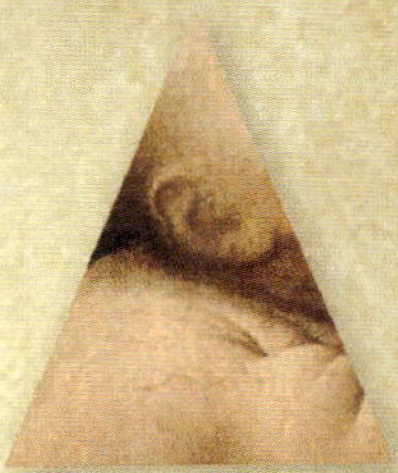

IV

V

47

答案见183页

48

三份工钱

公爵雇了一个建筑师、一个雕塑家和一个画家来修建和装饰他的小教堂。

他共付给三个人15弗罗林。如果他付给雕塑家两倍工钱，那么雕塑家和画家的工钱的总和就与建筑师的工钱一样多。

请问，公爵各付给每个人多少钱？

答案见184页

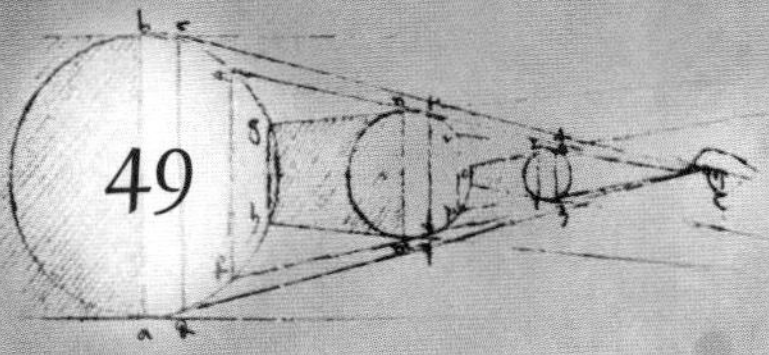

49

盒子智力谜题

达·芬奇说："当你画的是生活方面的内容的时候，要把你看到的一切都画到画布上。但是，你必须要努力理解你所看不到的内容，这才是使作品有深度、有现实感的秘密。"

沙莱的眼睛渐渐放出光彩。于是，达·芬奇决定采用一个不同的方法，来说明他的观点。他做了四个纸盒子，把它们固定好位置，使每个盒子的三面都能被看到。

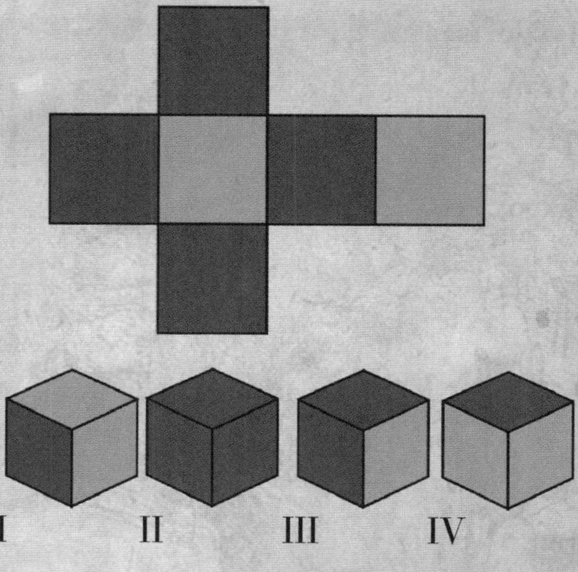

"您是想让我把它们画下来吗？"沙莱一边打着呵欠一边问。

"不，我想让你告诉我，这些盒子中哪个是用这个十字形的材料制成的。"

答案见184页

有三种人：善于观察的人，借助提示来观察的人，以及付诸实践的人。

——达·芬奇

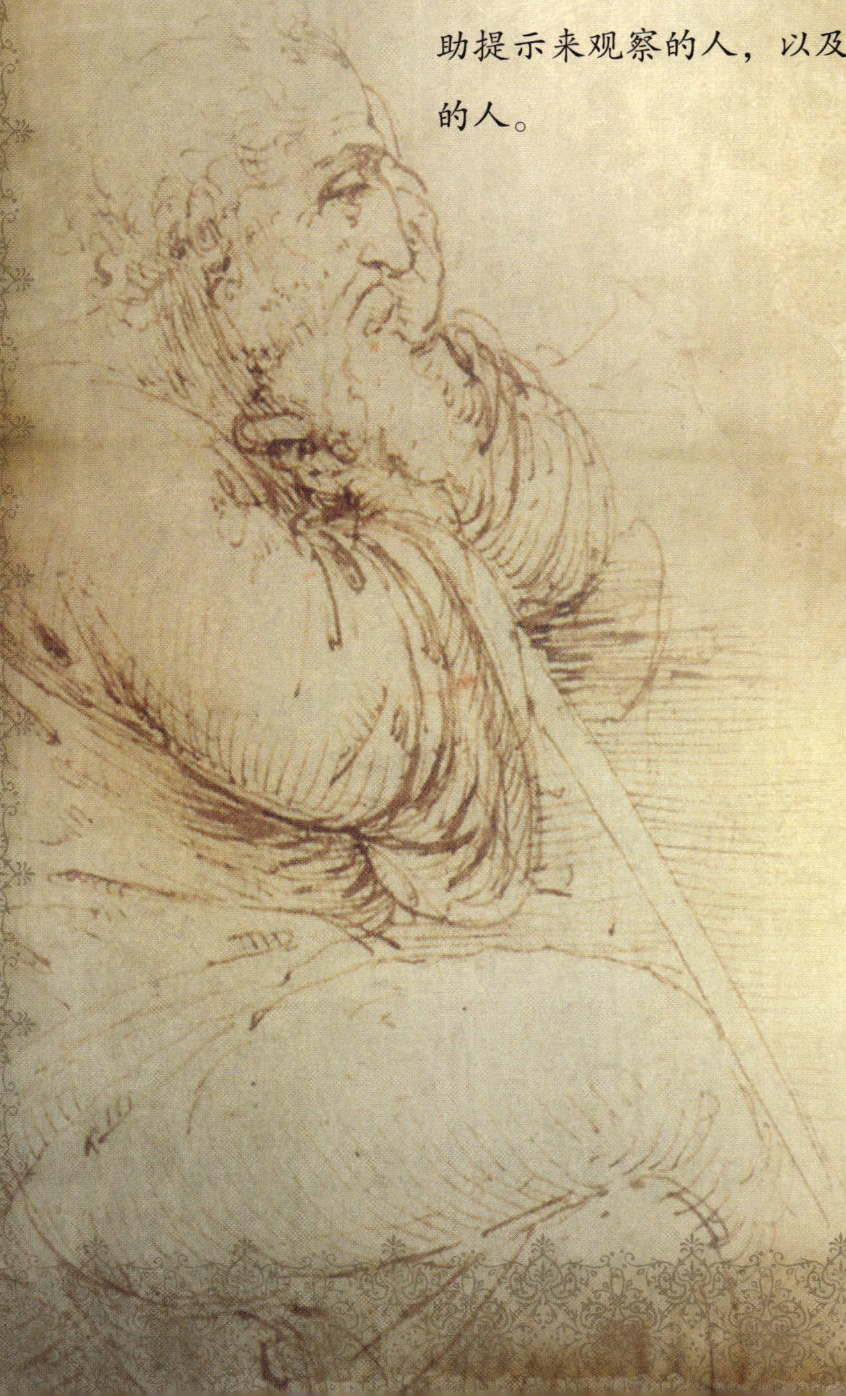

学徒级谜题

14岁的时候，达·芬奇在佛罗伦萨著名画家韦罗基奥的工作室做学徒。

1475年，韦罗基奥创作了《耶稣基督的洗礼》。年轻的达·芬奇辅助他完成，并在作品的左下方画了一个天使。

据说韦罗基奥对达·芬奇的绘画功力非常欣赏，曾一度宣称，他的学生已经超越了他。因此，他决定不再拿起画笔。

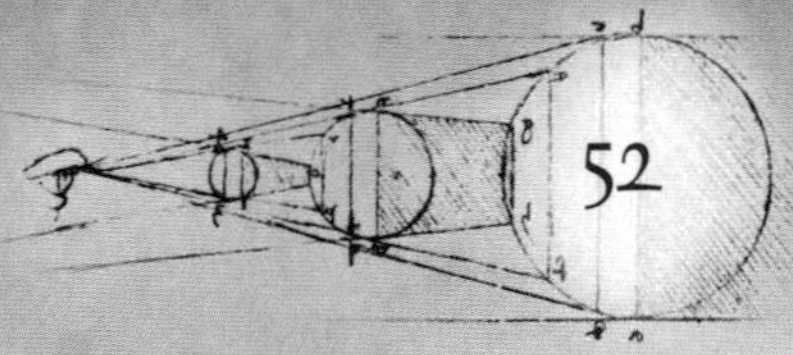

52

伤亡人数

联合作战的两个将军率军参战，抵抗共同的敌人。战争中，联合作战的士兵与敌方在人数和作战能力方面势均力敌。

“我理解不了，”第二个将军说，“你的人和我的人在各个方面都是相同的，但是，你的军队的伤亡人数却是我的军队伤亡人数的两倍。”

请问，该如何解释这个差距呢？

答案见185页

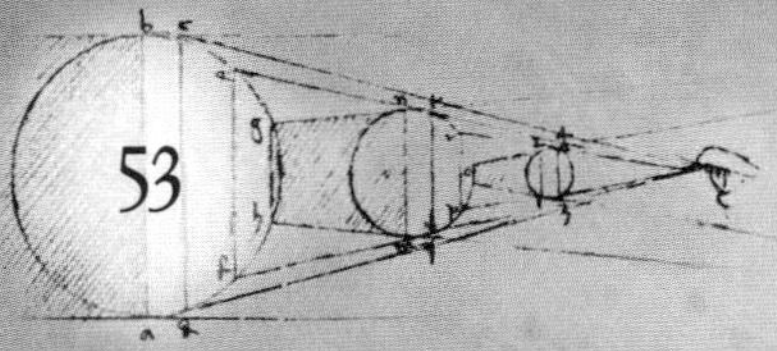

骑马的人

“有很多人和马从佛罗伦萨逃跑了，一共有44条腿、30只眼睛，每匹马上有一个人！”老人尖叫道。

沙莱问：“他说的话能让人听懂吗？”

“他一直都以自己的方式完美地表达他的意思，”达·芬奇说着，显然陷入了沉思，“我们最好通知公爵，好像这些骑马的人带走了一个犯人。”

请问，达·芬奇是怎么得出这个结论的呢？

答案见185页

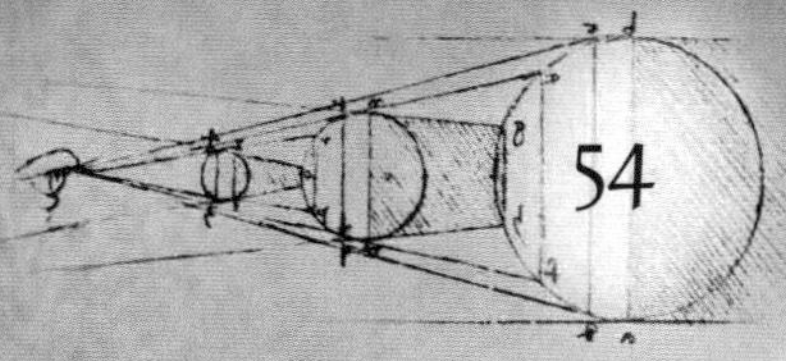

54

数字谜题

请将1—9连续数字中缺失的数字填在下面的空格中，使得每一行、每一列和最长对角线的数字相加所得的结果都相同。

（译者注：I—1，II—2，III—3，IV—4，V—5，VI—6，VII—7，VIII—8，IX—9）

IV		
	V	
		VI

答案见186页

55

庸俗的派系斗争

“法庭已经分裂成了两个对立的派系。” 达·芬奇说，“如果美第奇家族中再有一个领主倒戈到罗马教皇一方，那么罗马教皇的拥护者的数量将是美第奇家族拥护者的两倍。但是，如果罗马教皇的拥护者中有一个加入到了美第奇家族的拥护者中，那么他们的人数就相等了。”

沙莱皱了皱眉：“那么，现在每个派系各有多少拥护者呢？”

“我刚刚告诉你了。”达·芬奇说。

答案是什么？

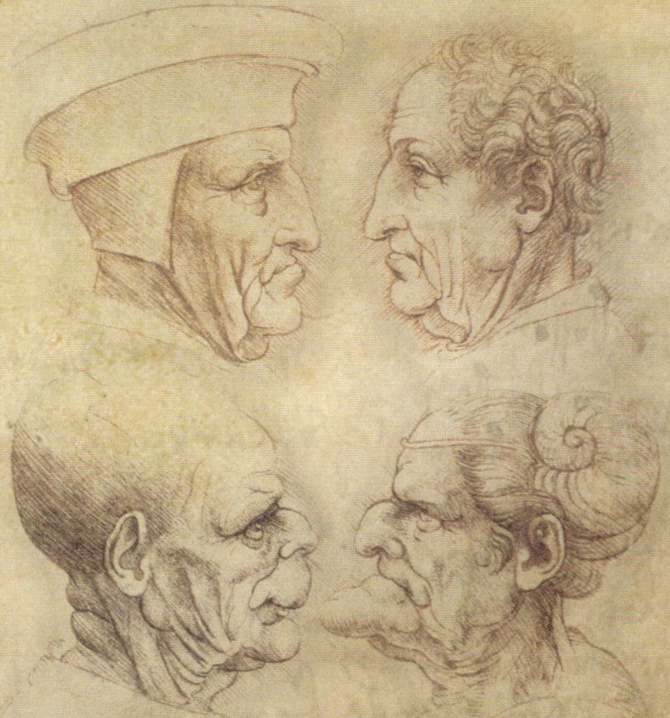

答案见186页

56

拼图谜题

下一页是油画《荒野中的圣哲罗姆》，图中有五处遗失了，你能将下方标有数字符号的碎片和画作中的符号匹配上吗？

I

II

III

IV

V

答案见187页

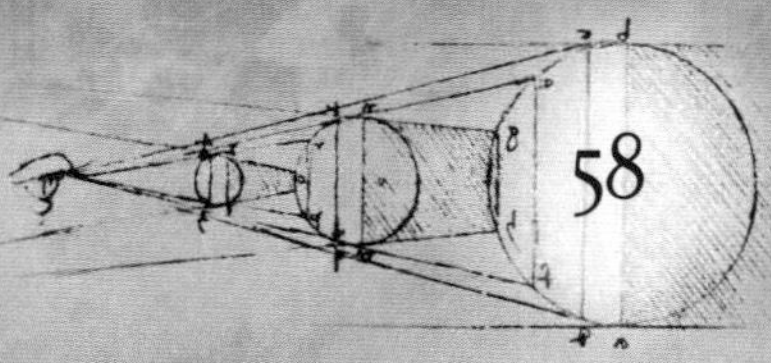

被撞倒的标志牌

达·芬奇和沙莱离开了佛罗伦萨，前往沃尔泰拉。途中，他们看到一个被撞倒的标志牌。

“这些地方的人对美第奇家族的人不是很友好。”达·芬奇说，“他们经常破坏标志牌，使来访者不知道怎么走才好。幸好，这个只是被撞倒了。”

“但是，师傅，我们怎么才能找到路呢？如果标志牌倒在泥里，那就毫无用处了。”

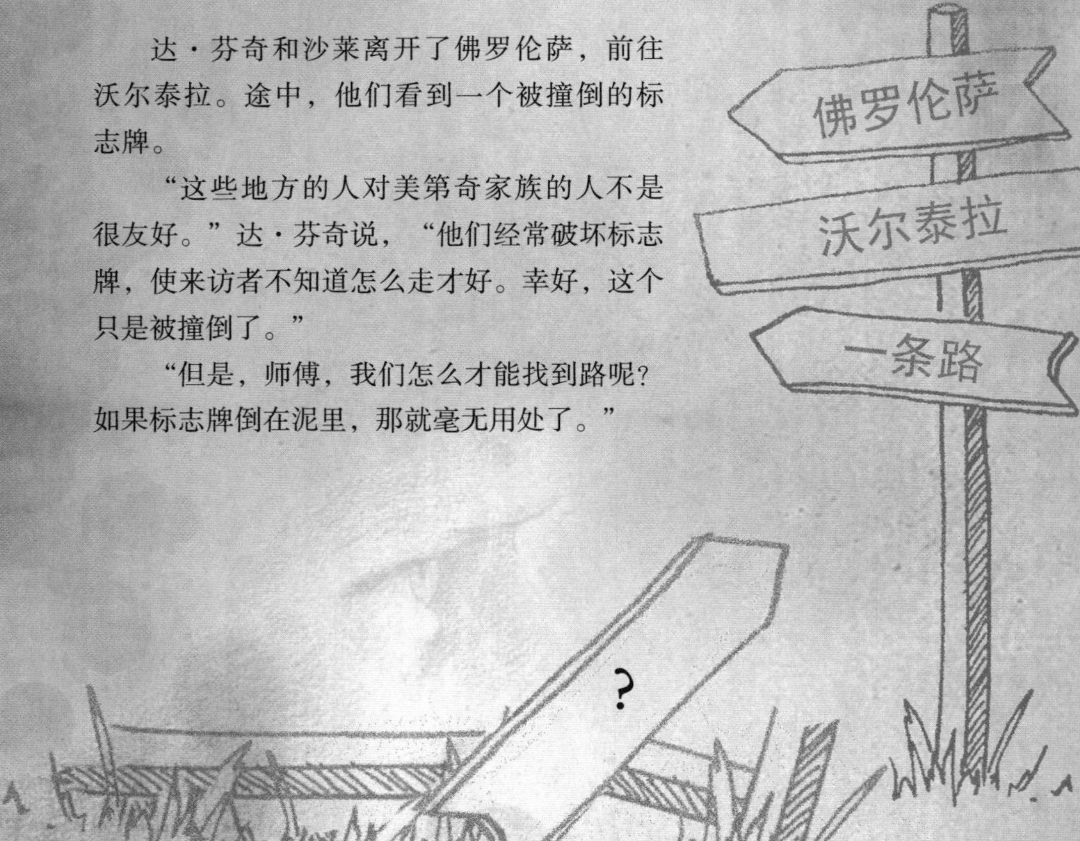

答案见188页

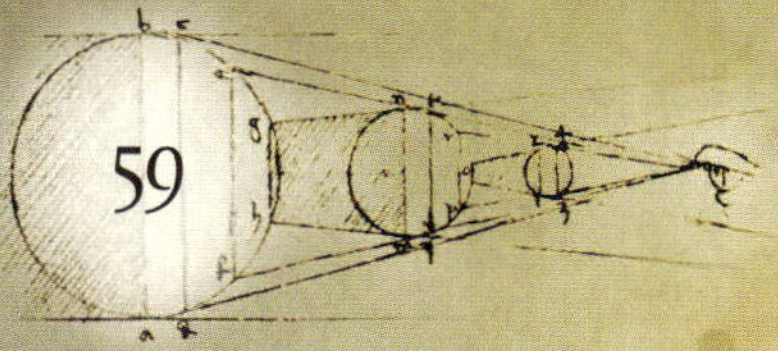

达·芬奇谜图

你能将这9个占星术符号插入到下方的框格中，使得每个符号在每一行、每一列以及每个3×3的框格内仅出现一次吗？

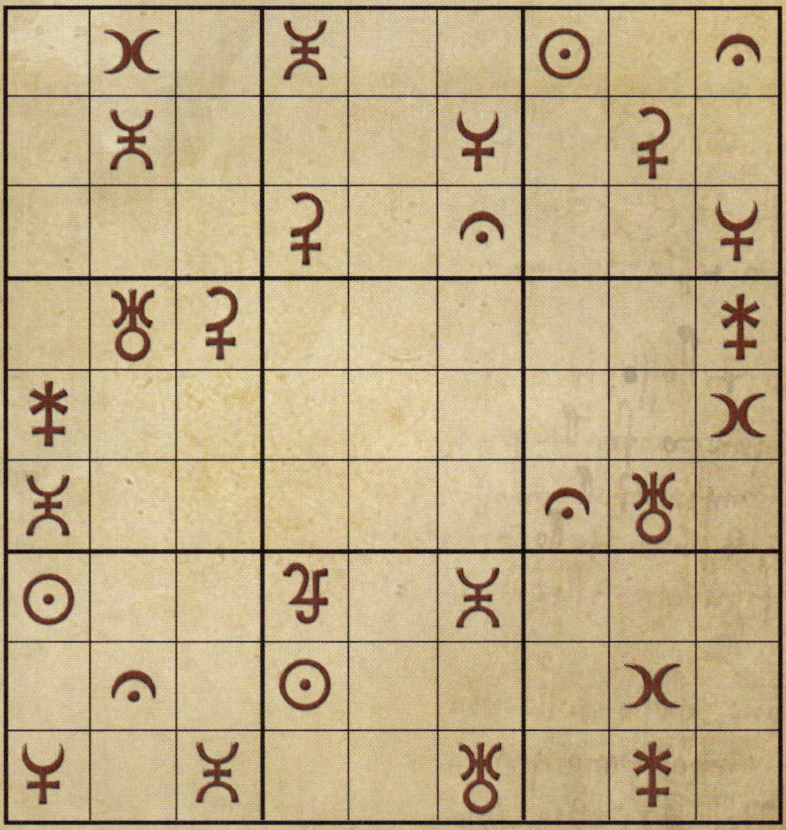

答案见188页

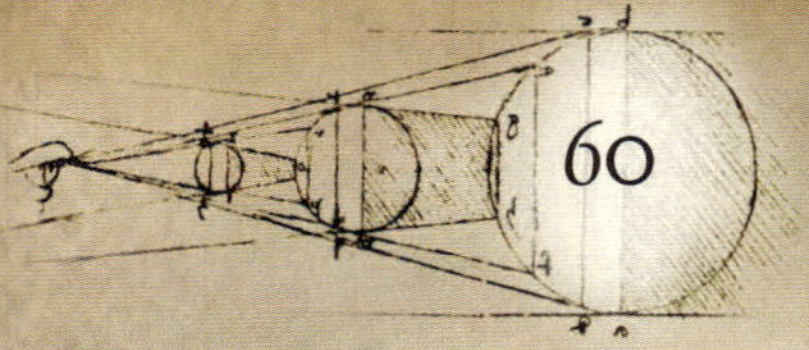

逐天增加的佣金

一个虔诚的、非常吝啬的、愚蠢的雇主雇达·芬奇在雕带上作画。

“我会在36天内完成工作。”达·芬奇说。

“那么您要多少佣金呢？”雇主喃喃地说。

“噢，不要担心。第一天，您就付给我1枚硬币吧。”

听到这句话后，这个雇主非常惊讶。

“如果您对我的工作非常满意的话，您可以在第二天付给我2枚硬币，第三天付3枚……以此类推。”

“一言为定。”雇主说。这简单的算术题使他的额头上增添了几道皱纹。

请问，达·芬奇的佣金共有多少？

答案见189页

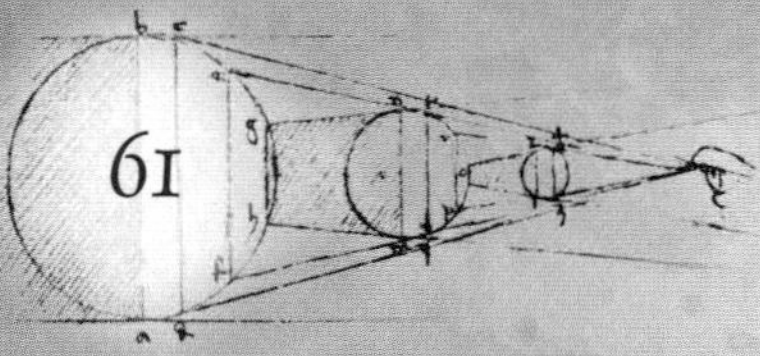

61

逐渐递减的返乡人

一名士兵来到了公爵的宫殿，他身上溅满了鲜血，看起来已精疲力尽。

在喝了一杯麦芽酒后，他开始讲述自己的经历：“在和法国人的作战中，我们损失了一半的兵力。然后，在返回的途中，我们遇到了歹徒。在与歹徒的冲突中，我们又失去了20%的兵力。剩下的人当中，在返乡路过友国的时候，又有$\frac{1}{4}$的人因重伤不治而亡。当我们到达这里的时候，剩下的29个人径直去了小酒馆，但是我想我应该马上向您汇报情况。”

请问，最初有多少士兵呢？

答案见189页

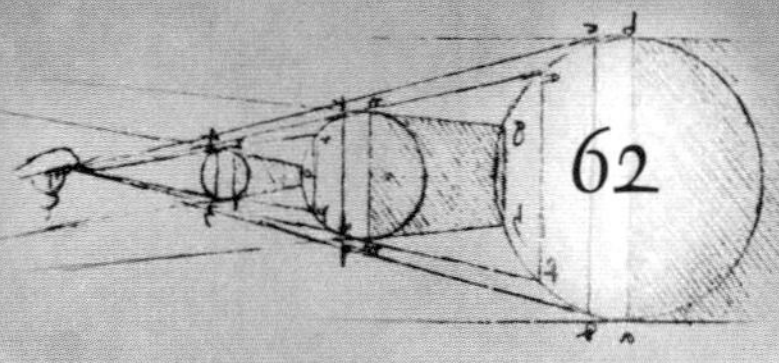

62

具体是哪一天?

“师傅，今天是这个月的6号了。”

“你说的没错，小沙莱。那么，这个日期有什么重要的意义吗？”达·芬奇说。

“师傅，您曾答应我，这个月您要告诉我点金术的秘密！”

“我一定会教给你的，不过，得在后天的三天后的前一天。”

“那么我就等您到那个时候，师傅……具体是哪一天？”

答案见189页

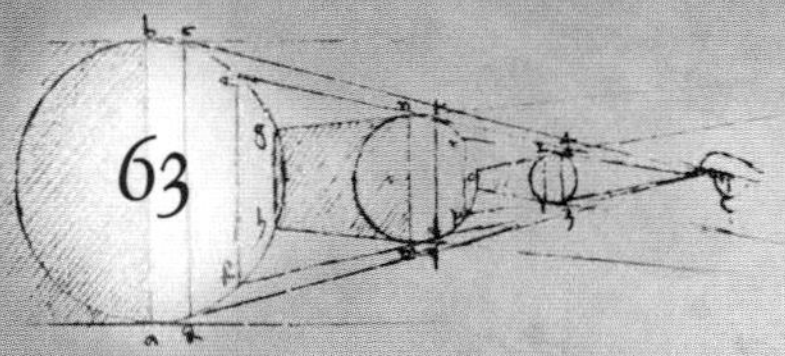

普通分数

“美第奇家族先祖最早是银行家，所以他们更看重金钱的价值，而不是艺术的价值。”达·芬奇小声嘟囔着。他刚刚会见了他的雇主，什么都没有谈成。

然而，沙莱什么都没说。

然而，师傅大声吼道：“‘小恶魔’，你有进步了吗？告诉我，100的$\frac{9}{10}$的$\frac{8}{9}$的$\frac{7}{8}$的$\frac{6}{7}$的$\frac{5}{6}$的$\frac{4}{5}$的$\frac{3}{4}$的$\frac{2}{3}$的$\frac{1}{2}$是多少？”

答案见190页

64

吸引力

“小沙莱，你回忆一下那次我们讨论磁性的情景。”达·芬奇说。

“嗯，是的，师傅。那次，我一直努力想把屁股上的铁屑弄下去。”

“现在，你观察一下，我这里有两个看上去一样的铁棒。但是，一根有磁性，另一根没有。”

沙莱后退了一步。

“镇定点儿，孩子。我想知道的是：在不用手拿，也不用任何东西辅助的情况下，怎样把它们移到工作台上。在这个过程中，你能判断出哪根铁棒是有磁性的吗？”

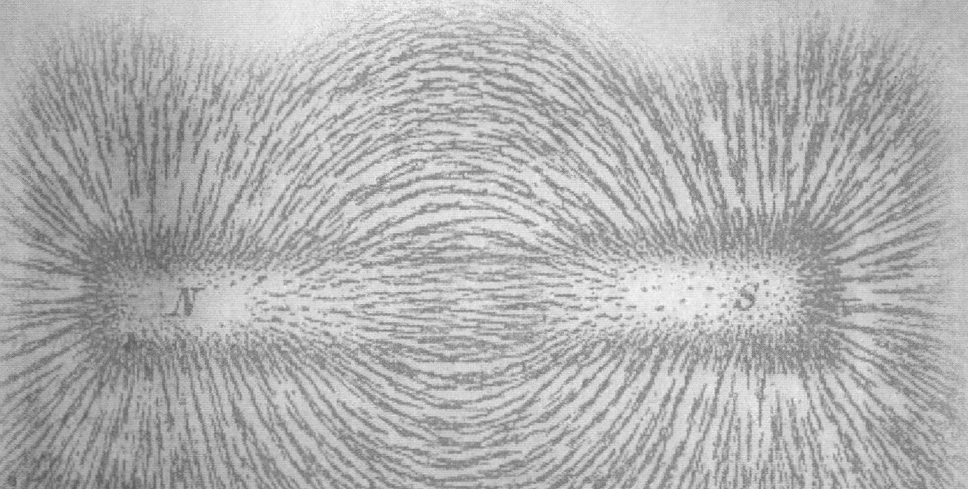

答案见190页

65

数字符号

每天早晨一觉醒来，沙莱都会去工作台，找到师傅在前一天晚上出的谜题。这已经成为一种习惯了，今天也不例外。

仔细观察后，沙莱发现，师傅用一组木棍拼成了一个罗马数字的等式：

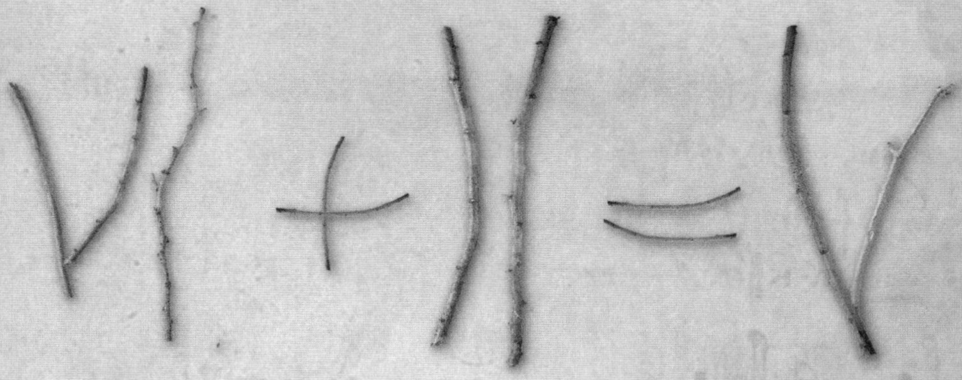

“哈！师傅，您的算术题是错的。”沙莱说。

“是的。”达·芬奇回答，眼也没抬，一直盯着他的笔记，“你能不能帮我改过来？不过……”

“让我猜猜，我只能挪动一根木棍？”

“完全正确。”达·芬奇微笑着说。

答案见190页

66

拼图谜题

下一页是油画《帕诺瓦的圣母》，图中有五处遗失了，你能将下方标有数字符号的碎片和画作中的符号匹配上吗？

I

IV

II

V

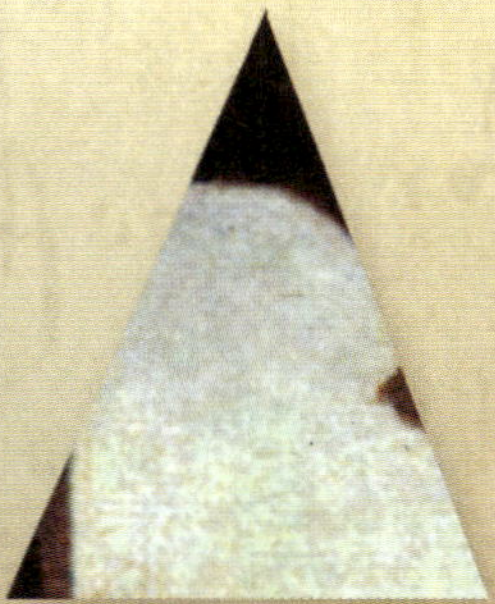

III

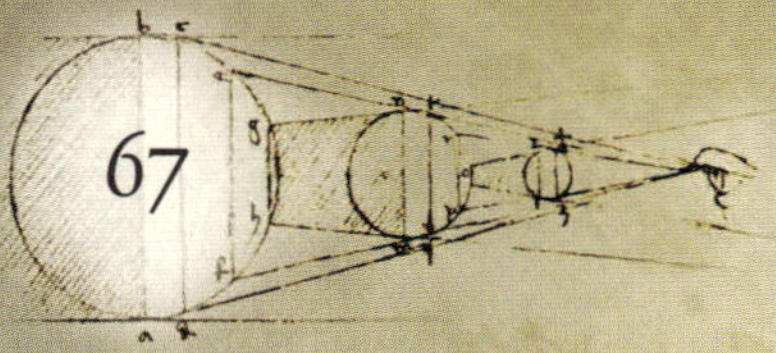

67

答案见191页

68

酒桶的秘密

“沙莱，咱们的最后一桶酒是剩了多半桶，还是少了多半桶？”达·芬奇问。

看到黑漆漆的酒桶里面，酒的表面还泛着光，沙莱心想，答案要么是一半满，要么是一半空。“难道这个题是考我有没有乐观态度吗，师傅？”

“不是，完全是一个具体的问题。你确定地告诉我答案就可以了，不要用任何测量工具，也不要问任何愚蠢的问题。”

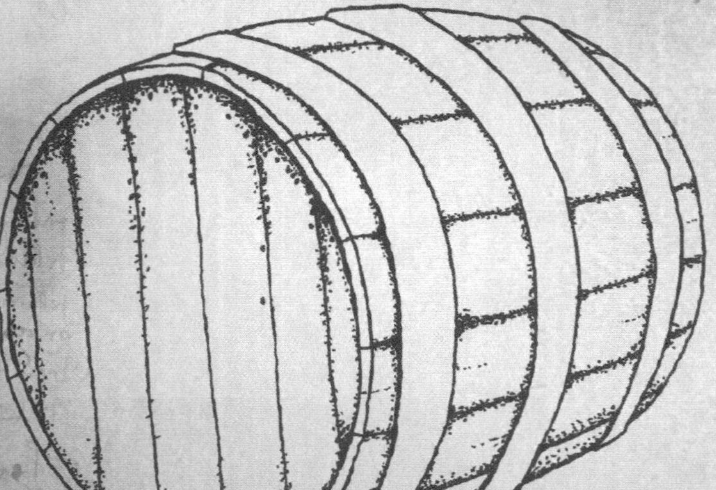

答案见192页

69

大 炮

达·芬奇正在测试两门攻城炮的发射速度。第一门炮在5分钟内发射了5发炮弹，第二门炮在10分钟内发射了10发炮弹。

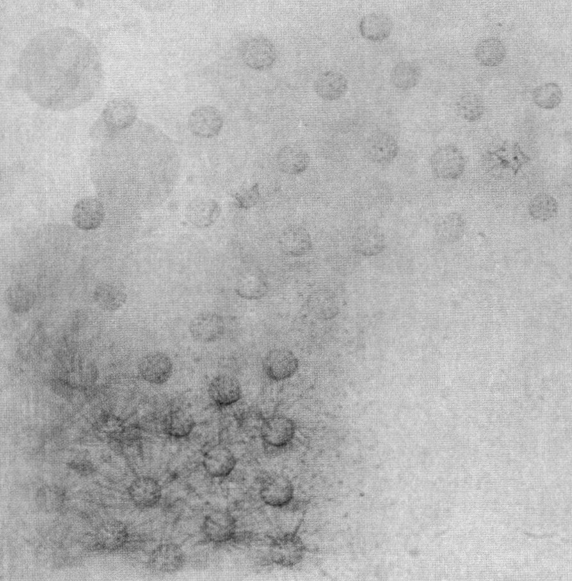

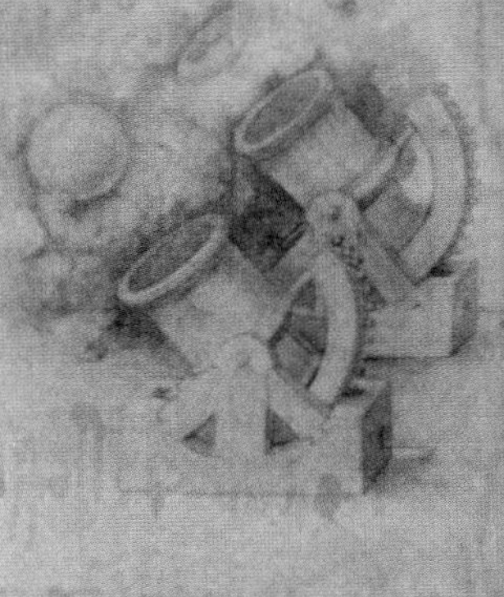

如果发射12发炮弹的话，哪门炮用时最短？

答案见192页

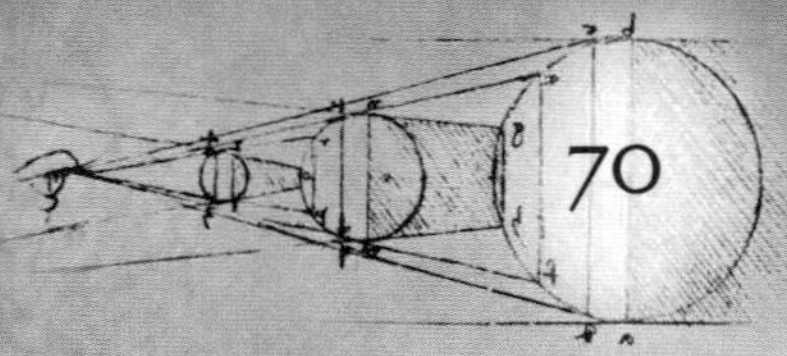

运动的滚轮

达·芬奇说：“小沙莱，这是另外一种训练你的头脑的方式。”在工作台上，达·芬奇放了3个滚轮，上面放了一块瓷砖。

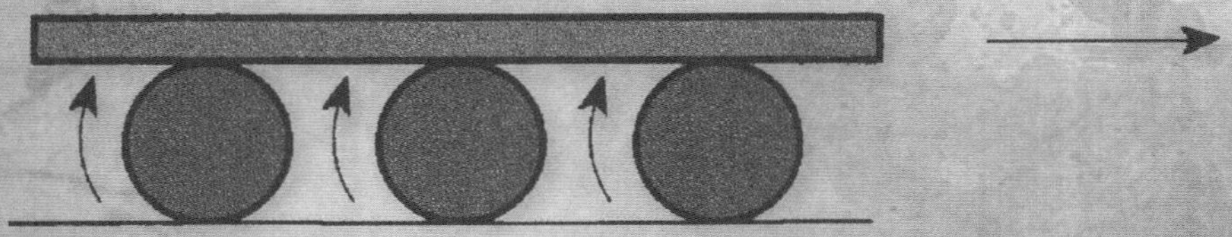

“如果这些滚轮的周长有1布拉乔奥（编者注：布拉乔奥是古意大利的长度单位），那么，当这些滚轮转动一周后，瓷砖向前移动了多远？”达·芬奇问。

答案见192页

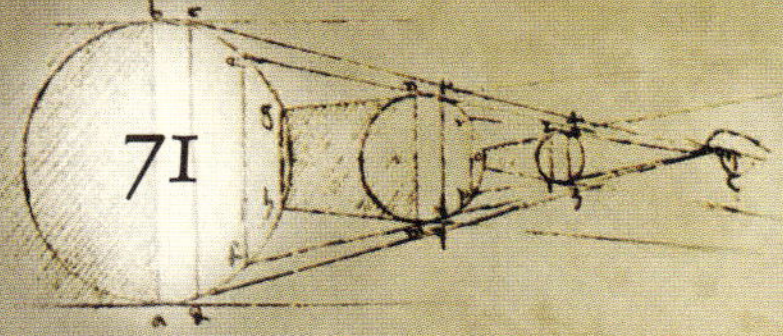

达·芬奇谜图

你能将这9个占星术符号插入到下方的框格中，使得每个符号在每一行、每一列以及每个3×3的框格内仅出现一次吗？

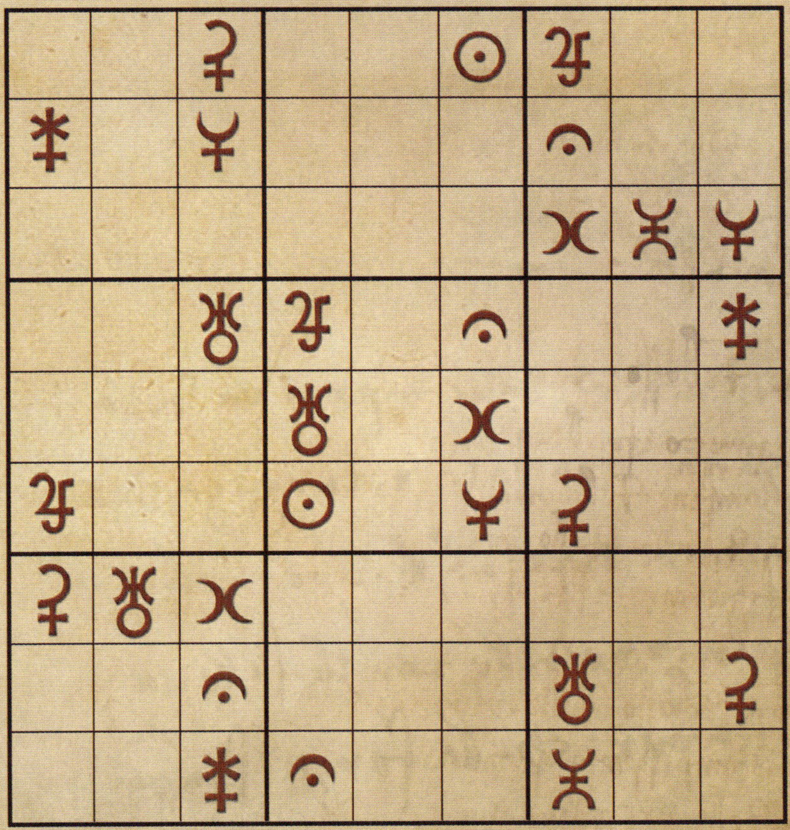

答案见193页

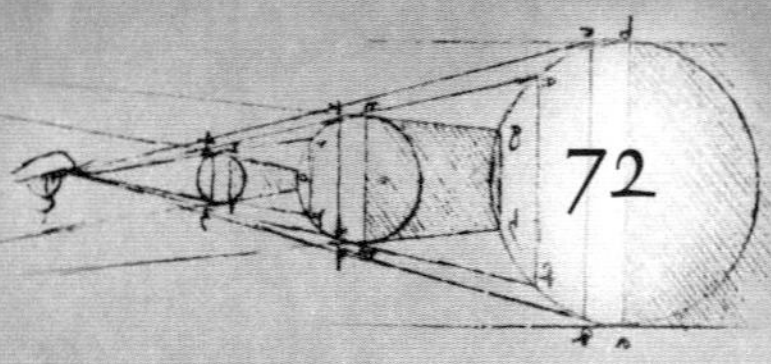

准确性

“射速是重要的，但是，它不代表准确性。今天，要测试一下，用我们的新炮来射击几个目标。”达·芬奇说。

达·芬奇和沙莱把两门攻城炮推到佛罗伦萨郊区的一大片空地上，在此之前，达·芬奇已经在这里用木头和泥灰建好了一个真正的防御工事。

第一次试射，两门炮均发射50次，击中目标25次。之后，给大炮校准，对准更远的目标。结果，第一门大炮射击34次，击中目标3次；第二门大炮射击25次，一次也没有击中目标。

“第一门大炮的命中率更高，师傅。”沙莱自信地说。

“可能吧。”达·芬奇说，“尽管看上去好像你说的不错，但是，如果刚才是一场射击比赛的话，我就不那么确定了。”

为什么？

答案见193页

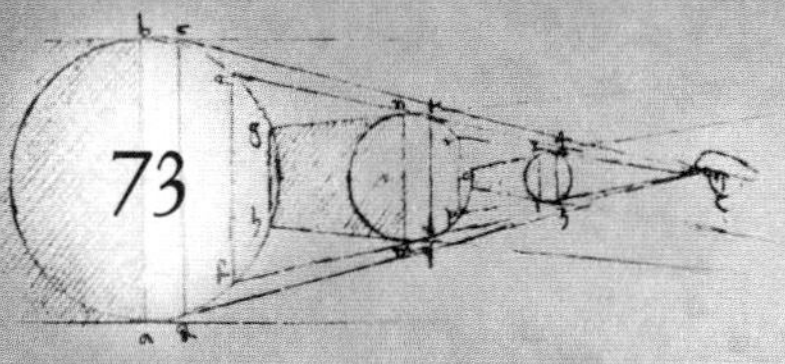

应 征

三个年轻人都应征公爵的护卫。

其中，两个人擅长用剑，两个人练过射弩，两个人擅长骑马。其中，一人不会用剑，也不会射弩；还有一人不会射弩，也不会骑马。

那么，每个应征者分别擅长什么技艺呢？

答案见194页

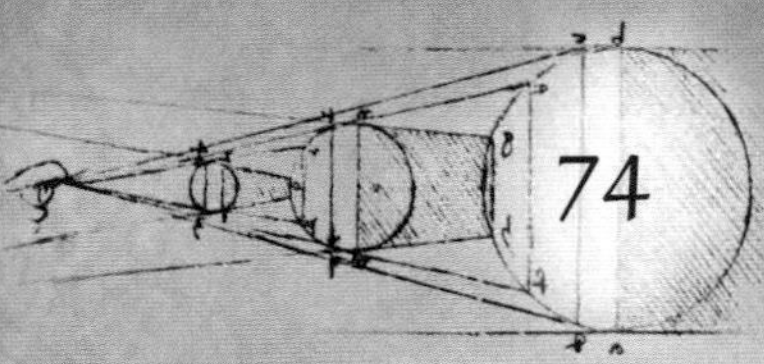

叛 变

两个互为敌方的将军有相同数量的士兵。那么，第一个将军的士兵中，有多少名士兵叛变（加入到敌人的军队中），才能使得第二个将军的士兵数量比第一个将军的多1000名？

答案见194页

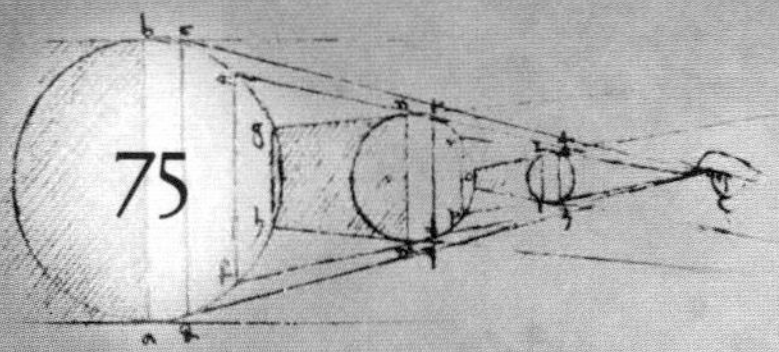

75

截止时间

切萨雷·波吉亚因残酷的幽默感而闻名。

“达·芬奇，你没有按时完成我的雕塑，我可不能就这么忍了。你看看选择哪种惩罚方式呢？”

“大人？”

“要么砍下你的一只手，要么挖出你的一只眼。要不然，我命人把你扔进野狗坑里，这些野狗可5个月没吃东西了。”

那么，我们这位处于险境的画家、雕刻家及自然科学家会怎么选择呢？

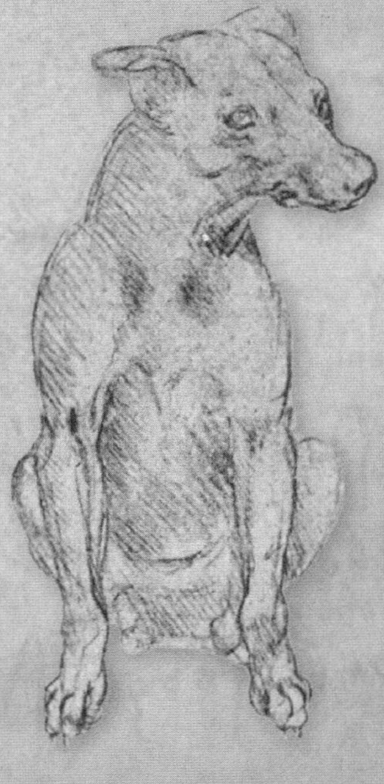

答案见194页

76

拼图谜题

下一页是油画《岩间圣母》，图中有五处遗失了，你能将下方标有数字符号的碎片和画作中的符号匹配上吗？

I

II

III

IV

V

77

答案见195页

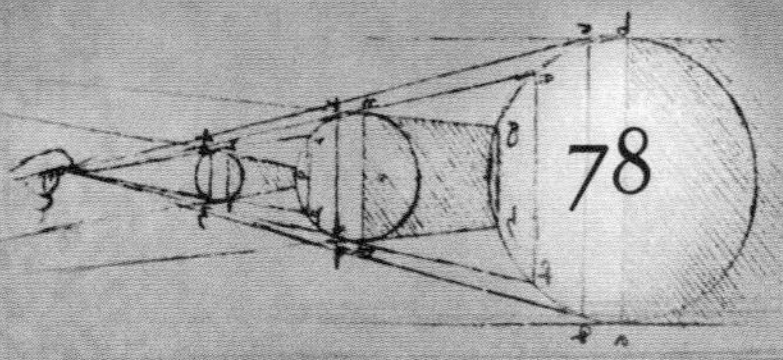

78

慷　慨

“沙莱，今早你参加弥撒了吗？”达·芬奇问。

“是的，师傅。我们要牢记慷慨的美德。”

师傅微笑着说：“有一种东西可以自己保留，也可以与人分享，但是一旦与人分享，它就不再存在了。”

那会是什么呢？

答案见196页

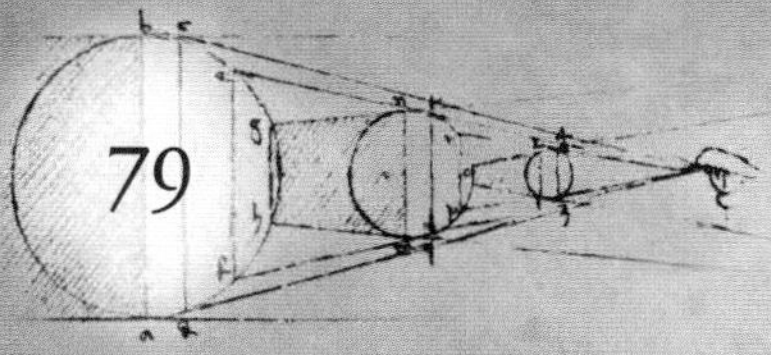

教皇的命令

罗德里哥·波吉亚一生中得罪了很多人，后来，他的家族被控告犯有乱伦、通奸、盗窃和谋杀等罪名。

尽管他生活在教皇亚历山大六世统治时期的罗马，但是他从来没有被驱逐出教会。

你能解释一下这是为什么吗？

答案见196页

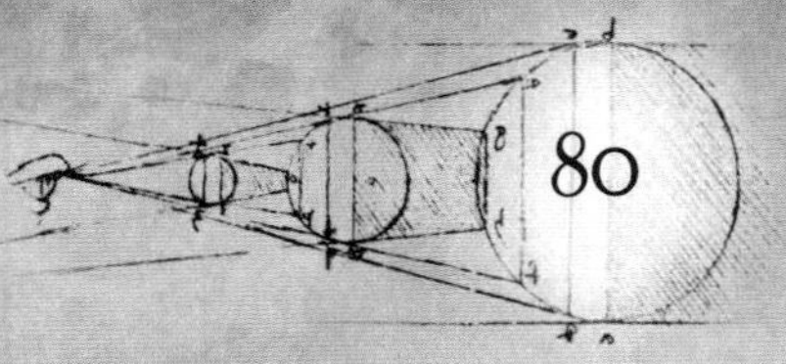

赛　马

乔凡尼·波吉亚自认是一个成功的骑手，于是向3个赛马冠军挑战，要进行一场比赛。比赛中，他超过了排于第二位的骑手。但是，在最后阶段，他被其他两位骑手超了过去。

那么，最终他是第几名？

答案见196页

81

达·芬奇谜图

你能将这9个占星术符号插入到下方的框格中，使得每个符号在每一行、每一列以及每个3×3的框格内仅出现一次吗？

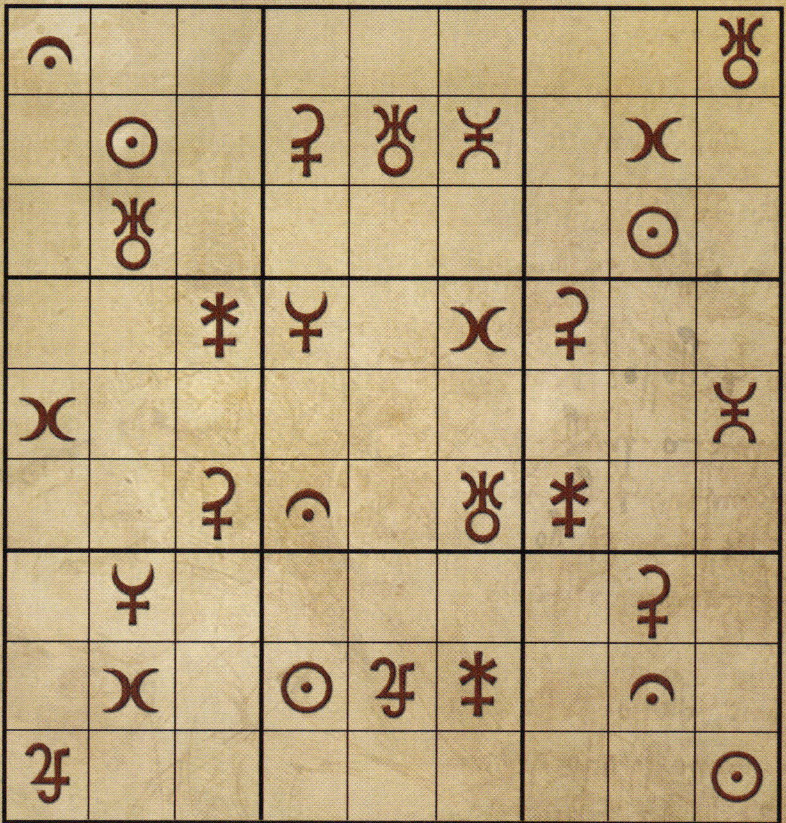

答案见197页

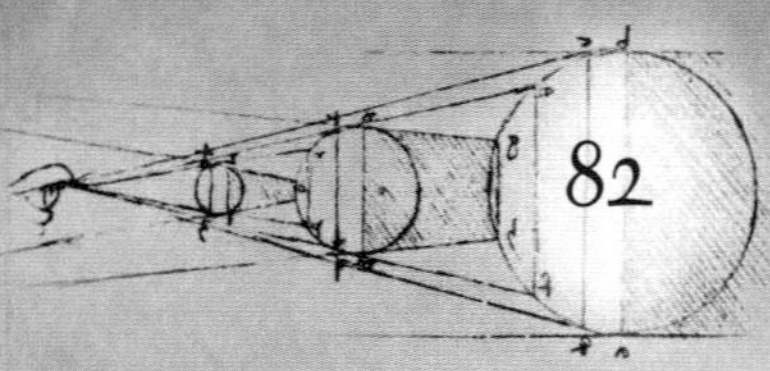

第一名竟然最后一个到达

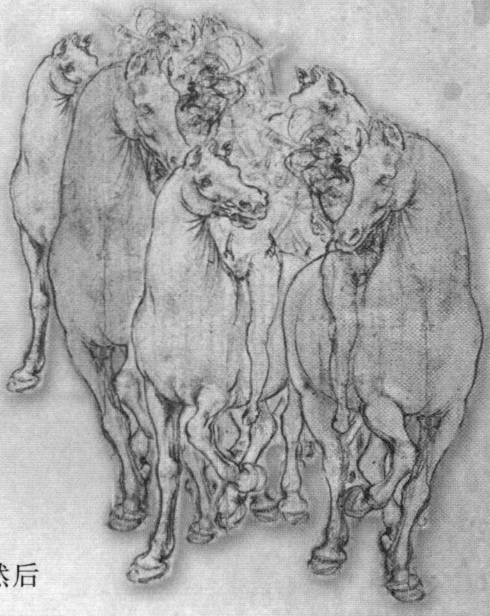

罗德里哥·波吉亚的儿子乔凡尼和切萨雷非常争强好胜。这一天，罗德里哥·波吉亚在他们之间举行了一场挑战赛。

“我提议，围着这个宫殿举行一次赛马比赛，”父亲说，“但是，要与以往有所不同。”

乔凡尼问：“那就是最后到的是第一名，先到的是最后一名？”

“没错。”罗德里哥说，“最后一个到终点的人将会得到我的奖励。”

乔凡尼和切萨雷停顿了一会儿，然后奔向马厩。

很快，他们就出现在人们的视野里，只见他们迅速爬上马背，骑马全速奔跑。

请问，为什么兄弟两人都渴望第一个到达终点？

答案见198页

83

一滴接着一滴

达·芬奇拿着一个陶器仔细地、一滴一滴地向器皿里倒酒，沙莱静静地看着。最后，师傅说话了："沙莱，你能告诉我，一个空酒杯能装多少滴酒吗？"

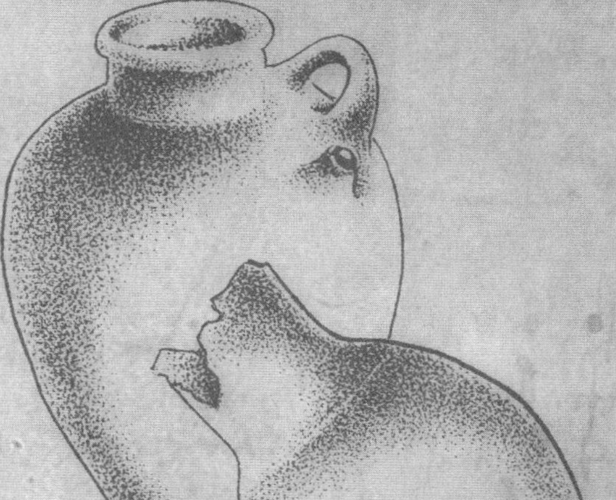

答案见198页

3的力量

沙莱发现羊皮纸上刻有一个奇怪的五角星。

“师傅，这是某种巫术吗？”他小声地问。

达·芬奇哈哈大笑起来。

“这可没有任何魔力，‘小恶魔’，只是数学而已。你看到了多少个三角形？”

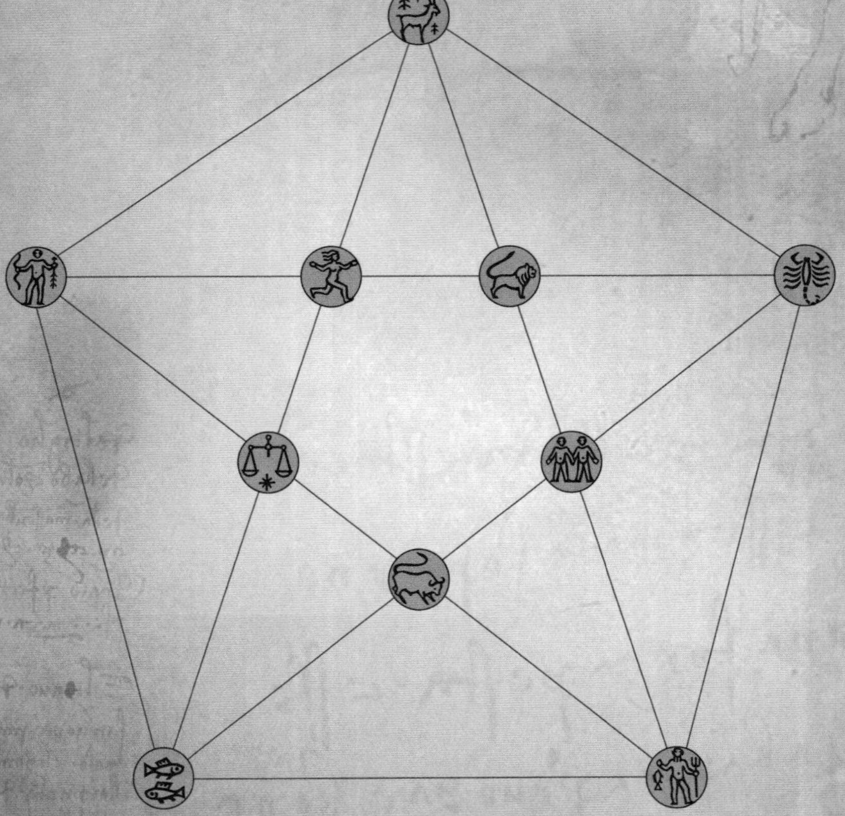

答案见198页

85

艺术品的价值

请判断下面每件艺术品的价值，并计算出问号代表的数字。

答案见199页

86

拼图谜题

本页和下一页是油画《天使报喜》，图中有五处遗失了，你能将下方标有数字符号的碎片和画作中的符号匹配上吗？

87

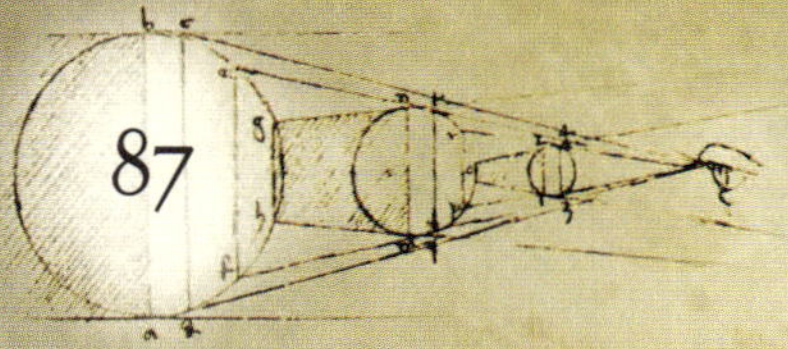

I II III IV V

答案见199页

88

认知游戏

沙莱惊讶地发现，工作室的墙上挂上了齿轮。师傅达·芬奇留下了一张便条，内容如下：

“‘小恶魔’，生日快乐。我把送给你的礼物挂在了链条的末端。一定要确保向正确的方向旋转把手，否则，这个装置就会卡住不动。”

沙莱应该沿着怎样的方向旋转把手，才能得到礼物呢？

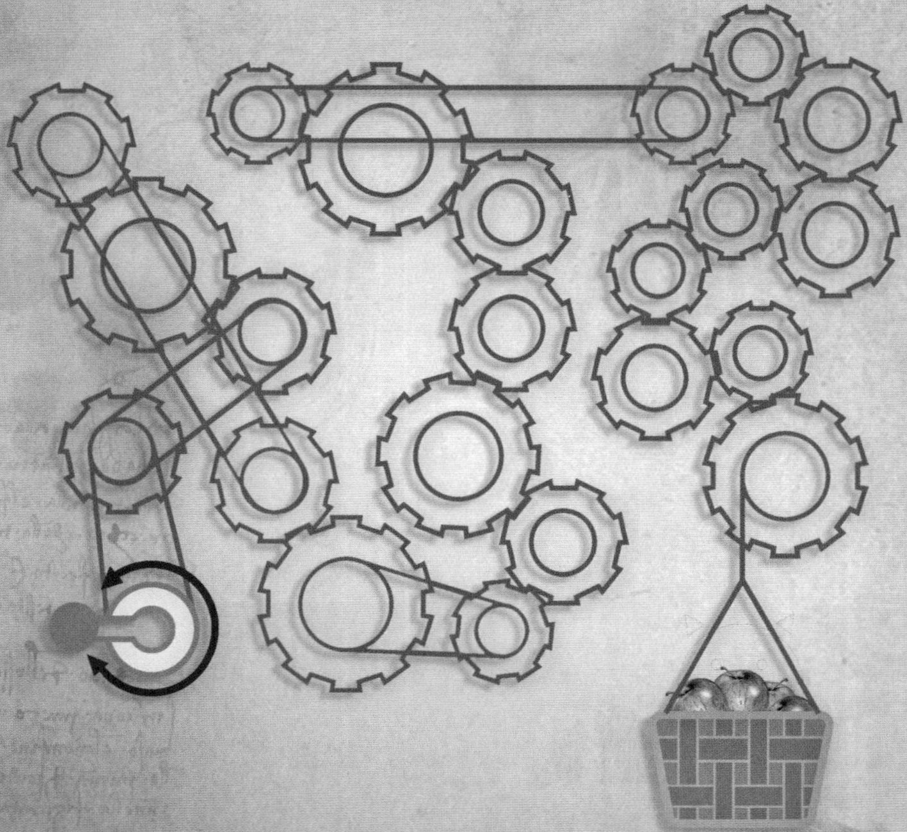

答案见200页

89

图案识别

请观察下面框格中的图案，并判断在空白框格中应该填什么图案。

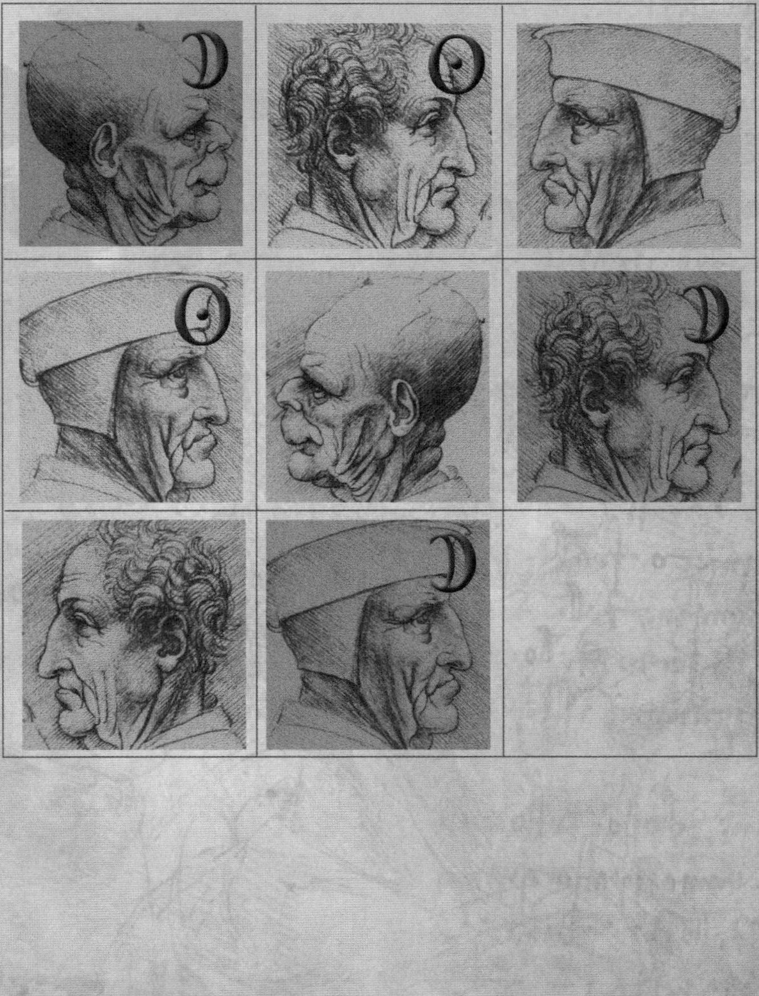

答案见200页

铁不磨而锈，水不流而腐……故，智不动而元气消。

——达·芬奇

专家级谜题

达·芬奇的一生是丰富多彩的，他的才华更使他享誉整个意大利。

1482年，他做了一把银里拉琴（一种拨弦乐器），配有马头装饰。他的雇主罗棱佐·美第奇带着达·芬奇，将这个乐器作为表达友好的贡品献给了米兰的公爵卢多维科·斯福尔扎。

正是在米兰这个地方，达·芬奇画了那幅《最后的晚餐》。

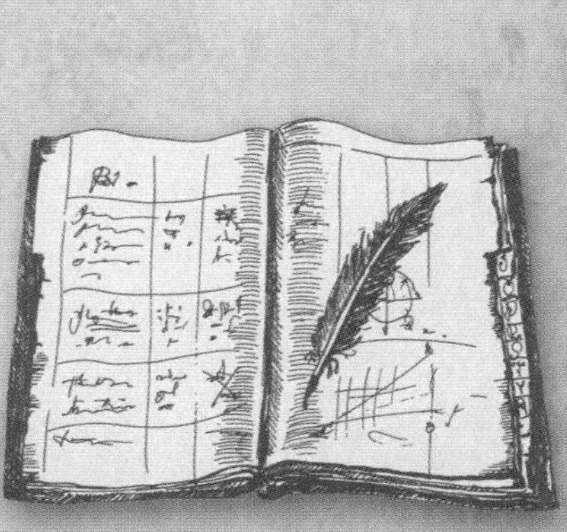

巫 术

记得那是记忆中最冷的一个冬天，达·芬奇和沙莱发现，他们居住的村子里的人对他们非常敌视，村民们对这位大师的“非正统思想”非常抵触。

两个人被迫在小旅馆里过夜，当天，村子又遇上了暴风雪。在喝了几瓶劣等麦芽酒之后，他们放松了警惕，被村民抓住了，遭到了殴打。地主的女儿说服了村民，使他们相信，沙莱这个孩子是被达·芬奇欺骗的受害者。于是，他们把达·芬奇绑了起来，放了沙莱。

随后，村长宣布：“当早晨的钟声响起的时候，我们就把这个异教徒烧死！”

“你们真好，”达·芬奇轻蔑地说道，“我很惊讶你竟然能省下这些柴火。”

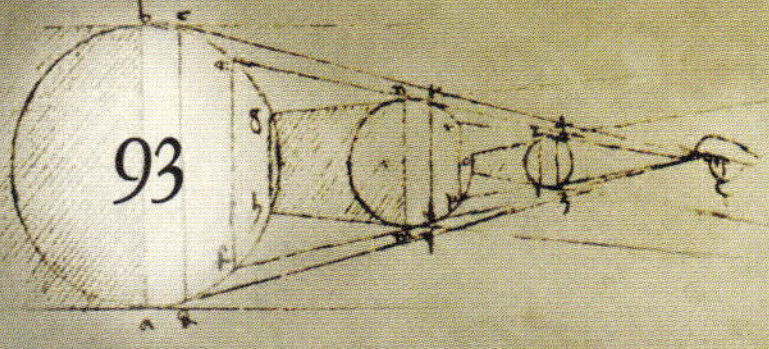

93

第二天早上，阳光明媚，整个村庄里的人都来围观行刑。达·芬奇被绑在一个柴堆上，一群好事儿的村民拿着火把，站成一圈等待着。

突然，传来一声吼叫，原来是沙莱。

“昨晚，一个天使来到我的面前，”他惊呼道，“告诉我，你们抓了一个清白无辜的人，所以，明天钟是不会响的。”

“一派胡言！”村长呵斥道。但是，的的确确，钟没有响，行刑只好延期了。

显然，在前一天晚上，钟楼的梯子被人破坏了，所以直到下午三点左右，村民们才能够爬上钟楼，检查钟是否被人做了手脚。

令他们惊讶的是，钟完好无损。于是，他们释放了达·芬奇和沙莱，一些心怀敬畏的村民还护送他们上路。

“欢迎您回来。”沙莱笑着说道。

他是怎么解救达·芬奇的呢？

答案见201页

94

不信任

在一个岛上，有三个波吉亚家族的人和三个美第奇家族的人。他们发现，周围仅有一个能容下两个人的小船可以帮助他们离开小岛。

因为波吉亚家族背负着“叛徒”的名声，所以美第奇家族的人坚决要求在水域的两岸，波吉亚家族的人数一定不许超过美第奇家族的人数。

那么，他们是怎么离开这个小岛的呢？

答案见201页

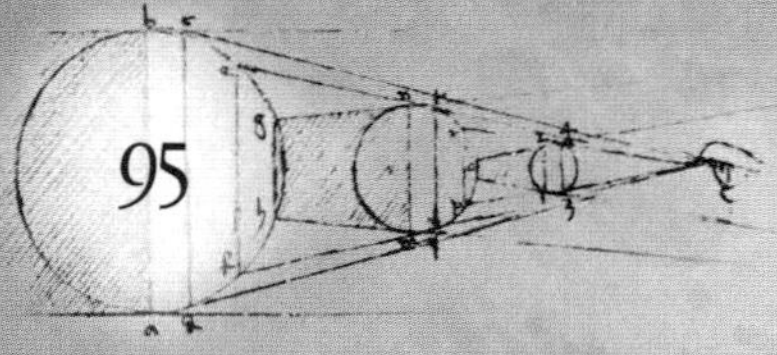

95

真相会给你自由

达·芬奇被控告犯有异教徒罪，最后，被一个工作兢兢业业的红衣主教投进了监狱。

由于达·芬奇足智多谋，红衣主教害怕他轻松地逃离牢房，害怕他花言巧语诱骗护卫们相信他是梵蒂冈派来的信使，于是，看管达·芬奇的两个护卫得到了红衣主教的特殊命令：其中一个人只能讲真话，而另一个人只能讲假话。只有红衣主教才知道哪个人说真话，哪个人说假话。

这样一来，形势变得非常棘手，因为他们每个人各把守一个上了锁的门：一个通往多个隧道，最终能够获得自由；另一个则通往死亡陷阱。

达·芬奇只能问一个问题，否则，护卫就会对他产生怀疑。

那么，他应该问什么问题呢？

答案见201页

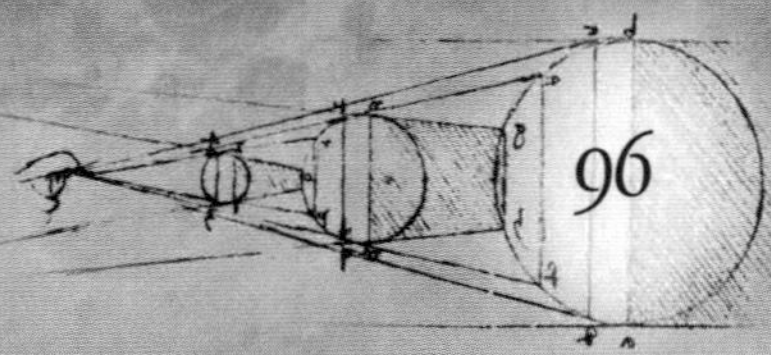

达·芬奇谜图

你能将这9个占星术符号插入到下方的框格中，使得每个符号在每一行、每一列以及每个3×3的框格内仅出现一次吗？

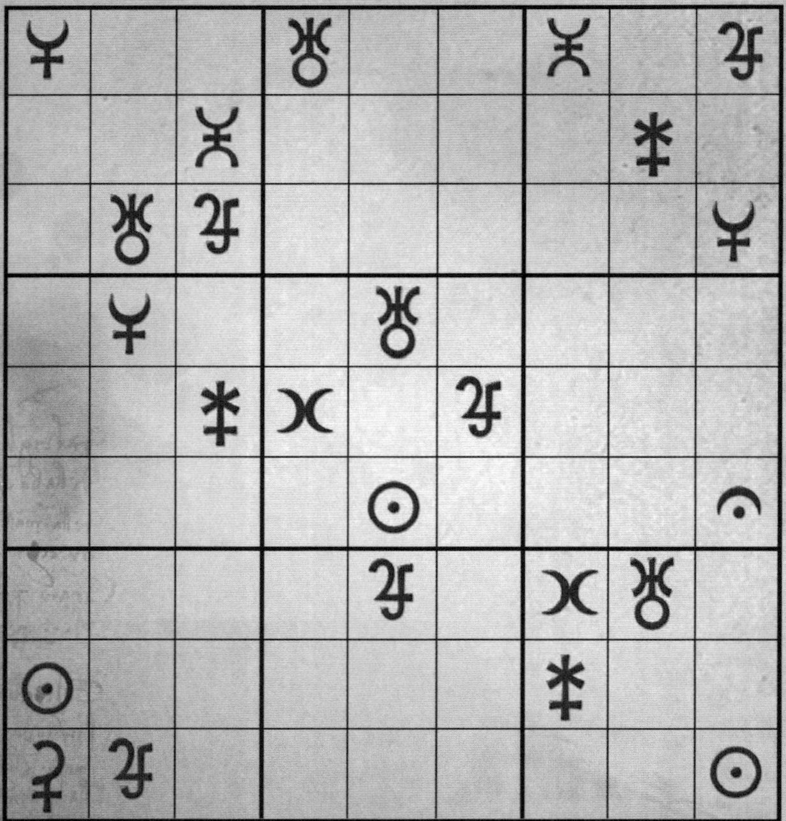

答案见202页

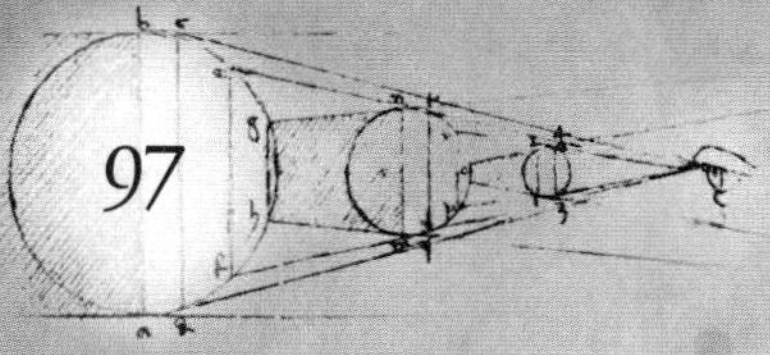

97

帽　子

有4个人要做达·芬奇的学徒，他们是：阿尔贝托、本尼托、卡斯珀和多纳泰罗。现在，达·芬奇正在面试他们。达·芬奇让他们坐下，闭上眼睛，然后，在每个人的头上放了一顶帽子。

他告诉他们：“有2顶黑色帽子，还有2顶白色帽子。”然后，他调整了这几个孩子的位置。现在，本尼托和多纳泰罗看不见其他人，阿尔贝托只能看到本尼托，而卡斯珀仅能看到阿尔贝托和本尼托。

“你们中，谁能第一个准确地说出自己戴的帽子是什么颜色，谁就是我的学徒。现在，睁开眼睛吧。”一段时间的安静之后，最终一个孩子准确地说出了答案。

是谁获得了学徒的资格？

答案见202页

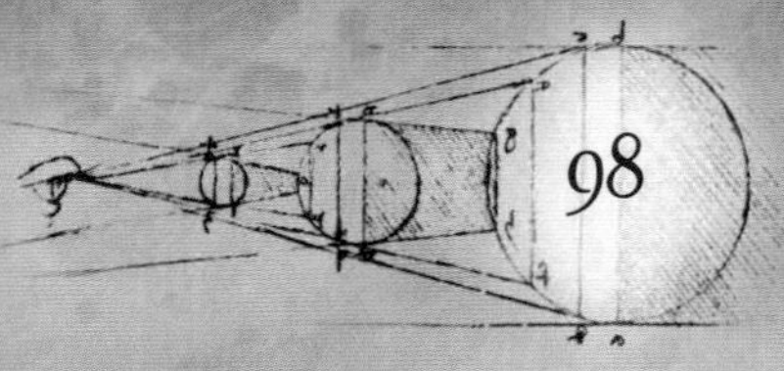

更多的帽子

达·芬奇利用帽子来挑选学徒的事不胫而走，很快传扬开来。

一个本地的商人也正在从三个候选人中挑选学徒，于是他来找达·芬奇寻求帮助。

“他们是埃斯特凡、费尔南多、加百利。他们都非常聪明，但遗憾的是，我只能雇用一人。”

达·芬奇邀请他们来到了他的工作室，然后宣布：“我有5顶帽子，3顶黑色、2顶白色。”

他示意三个孩子坐下来，闭上眼睛，然后在每个人的头上放了一顶帽子，把剩下的两顶帽子抱在胸前。“你们现在可以睁开眼睛了。谁能告诉我，自己戴的是什么颜色的帽子？”

埃斯特凡睁开眼睛，环顾了一下，然后说道：“我不知道。”

费尔南多也是如此。

加百利没有睁开眼睛，但是高兴地笑了，说道：“我的帽子是黑色的！”

他是怎么知道的呢？

答案见203页

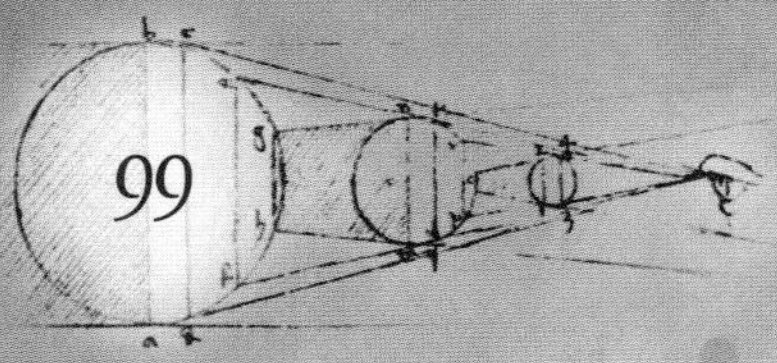

99

掺假的金币

达·芬奇的雇主以非常低的价格——9枚金币雇用了这位大师。

这个雇主是个臭名昭著的骗子，他总是在付钱的时候掺进一个假币。

这个假币只比真币稍微重一点儿。

“我可以检查一下这些金币吗？” 达·芬奇问道。

“那你动作快点，达·芬奇，我可没有闲工夫等你。”这个雇主狡猾地催促道。

达·芬奇拿出一个天平，说道：“我只需称两次重量就可以。”

接下来，达·芬奇需要怎么做呢？

答案见204页

100

拼图谜题

下图是油画《最后的晚餐》，作品中有五处遗失了，你能将下方标有数字符号的碎片和画作中的符号匹配上吗?

101

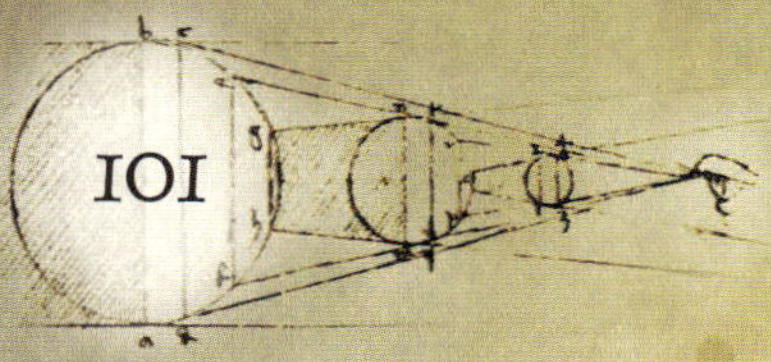

I　　II　　III　　IV　　V

答案见204页

102

无中生有

“你发明的战争武器都非常实用，达·芬奇，不过，佛罗伦萨需要的是人。”美第奇说道。

“可能当数字不起作用的时候，骗局更能派上用场，达到效果。” 达·芬奇小声地嘟囔着。

“你指的是什么？”

“我能把2列士兵、每列5人变成5列士兵、每列4人。”

“你是说，你能从空气中召唤出更多的人吗？”

“很遗憾，不能，但是，如果使用一点手段，让敌人误以为我军兵力更加庞大，可能会使敌人闻风丧胆。”

达·芬奇是怎么做的呢？

答案见205页

103

最后一根稻草

波吉亚的两个儿子切萨雷和乔凡尼曾经为了得到父亲的钱财而争吵不休。

“给你们这两个忠诚的门徒出一道题吧。”波吉亚说道，“这里共有11根稻草（如图），你们轮流来拿稻草，一次可以拿一根，也可以拿两根或三根。拿到最后一根稻草的人就得不到我的钱财了。”

他示意让切萨雷先拿。

切萨雷应该拿多少根呢?

答案见205页

104

棋 子

跟达·芬奇一起去酒馆，一路上会让人非常愉快，而且收获很多。

当达·芬奇把当晚的第一杯麦芽酒一饮而尽的时候，他的周围已经围了很多饶有兴致的围观者，他们是准备打赌的。

“我这儿有4枚白色棋子、4枚黑色棋子。现在棋子这样排好，谁能只移动4次，可以一次用2个手指头，把它们排成一条线，而且颜色是交替排列的？”

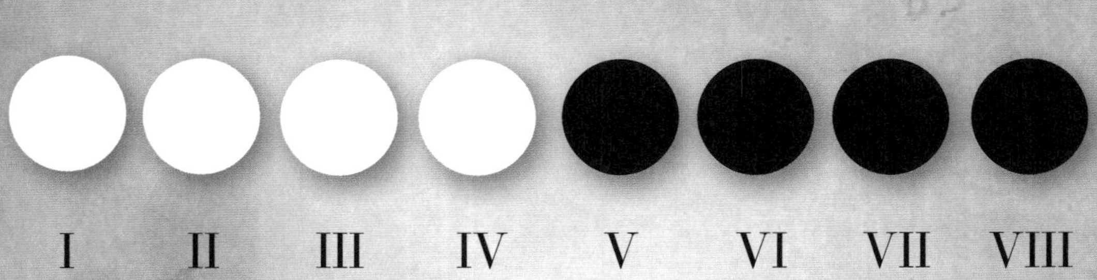

答案见206页

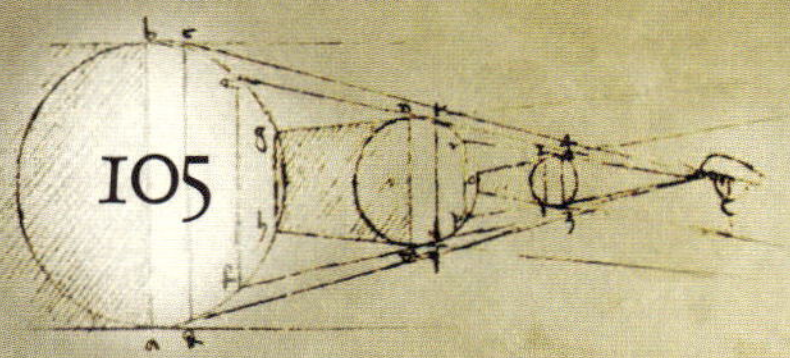

达·芬奇谜图

你能将这9个占星术符号插入到下方的框格中，使得每个符号在每一行、每一列以及每个3 × 3的框格内仅出现一次吗？

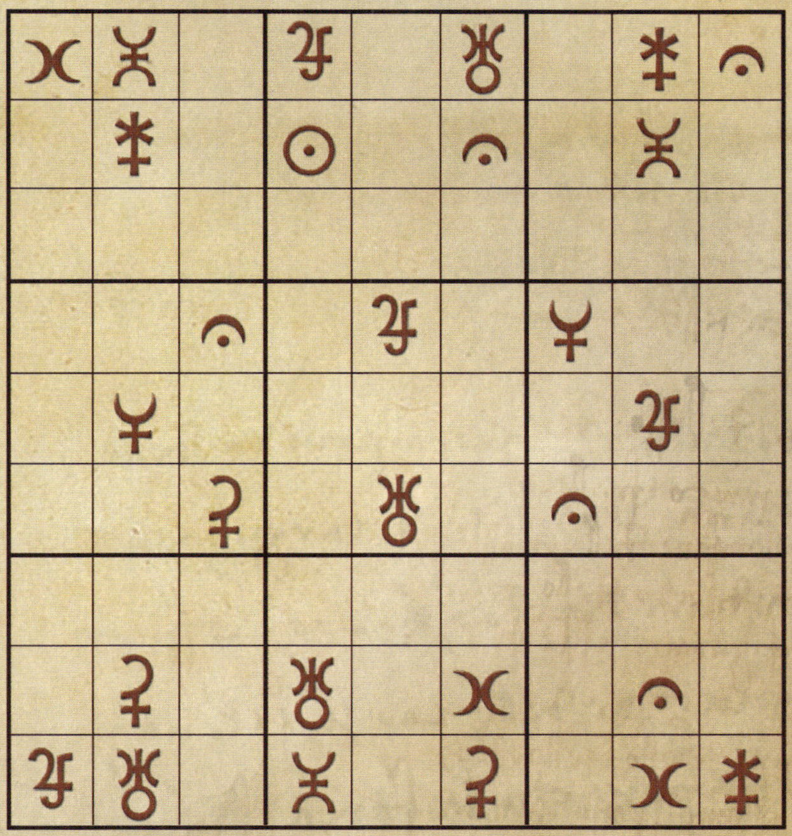

答案见207页

酒 瓶

有一次，在酒馆，达·芬奇把6个酒瓶排成一排，前3个装满了酒，后3个是空瓶。

“我和你们打赌，我只动一个酒瓶，就可以把这些酒瓶按照一个空瓶、一个满瓶这样交替地排列。”

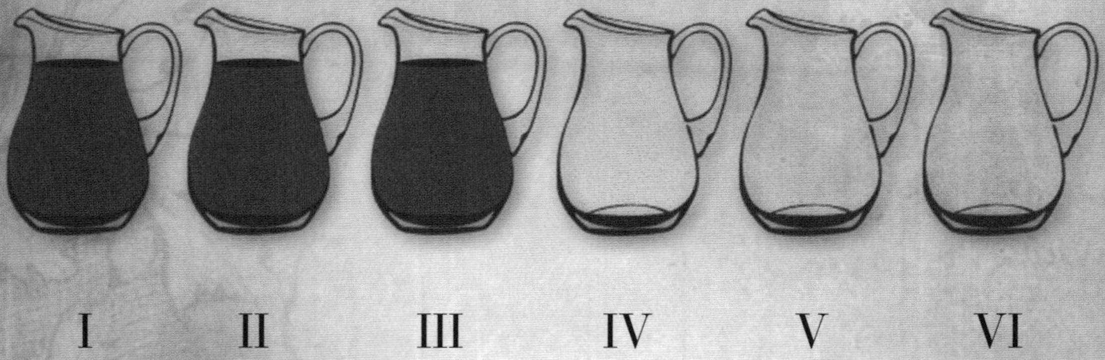

醉醺醺的人群中发出一阵骚动，人们争先恐后地把赌资放在了达·芬奇的桌子上，沙莱的眼睛应接不暇。

“我的天呀，佛罗伦萨人真好骗啊！”他咯咯地笑起来。

你知道达·芬奇是怎么做的吗？

答案见208页

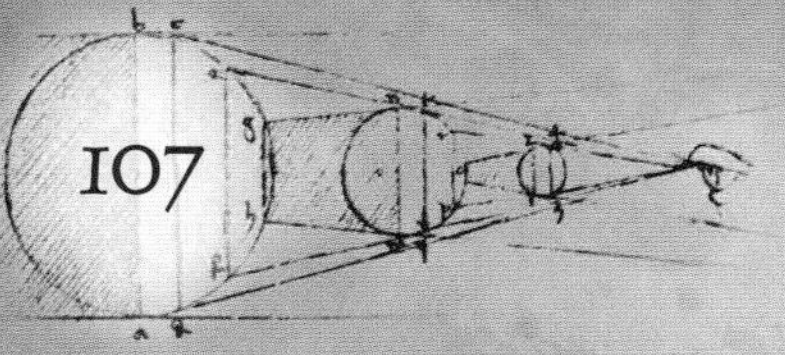

107

通信兵

两个军队相隔120弗隆（英制长度单位）的距离，同时以每小时10弗隆的速度相向而行。

当双方开始行进的时候，其中一个军队的通信兵骑着战马，以每小时80弗隆的速度驶达对方军队，再立即调头赶回自己的军队。就这样，他在行进的两个军队之间不停地往返。

那么，当两个军队短兵相接的时候，这个通信兵已经跑了多长的距离？

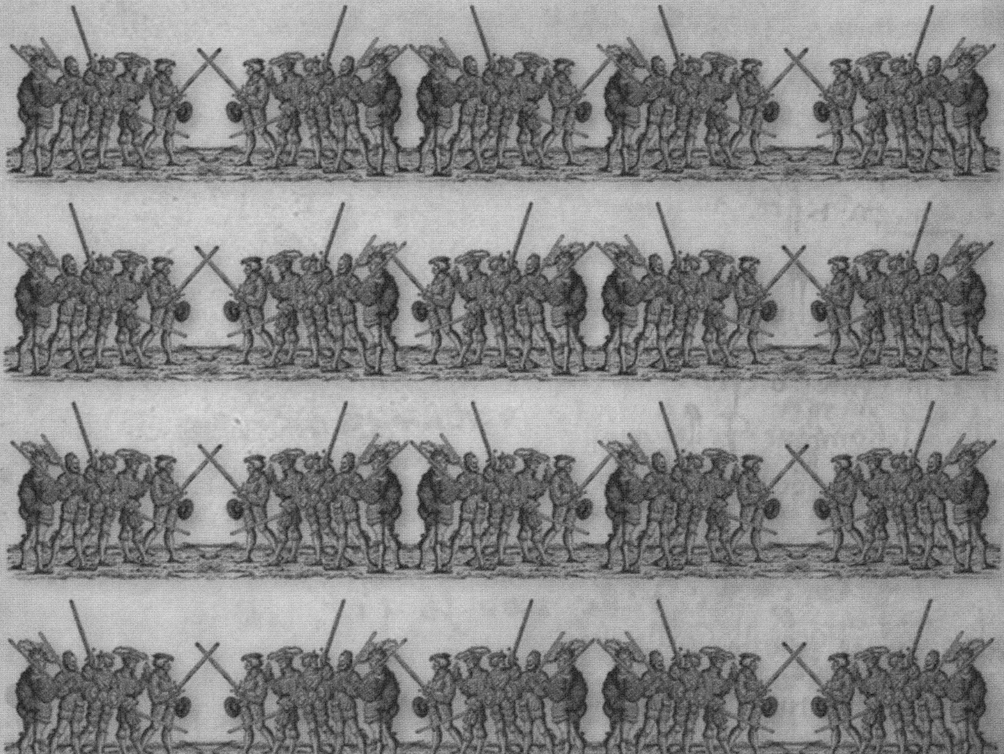

答案见209页

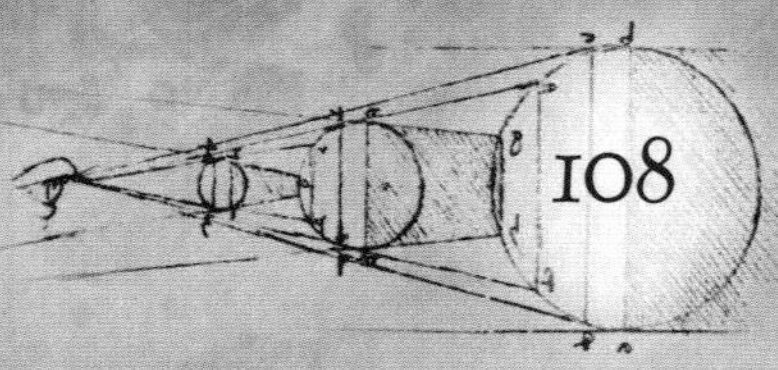

战 斗

一个领主带领他的军队参加了一场战役。每次战斗结束后，他都会统计一下阵亡人数。他发现，每次阵亡人数都是战斗之前士兵人数的一半还多10人。

这场战役中共有5次战斗，每次都是这种情况。在战役结束的时候，他的士兵全部阵亡。

他共带领了多少士兵参加这次战役？

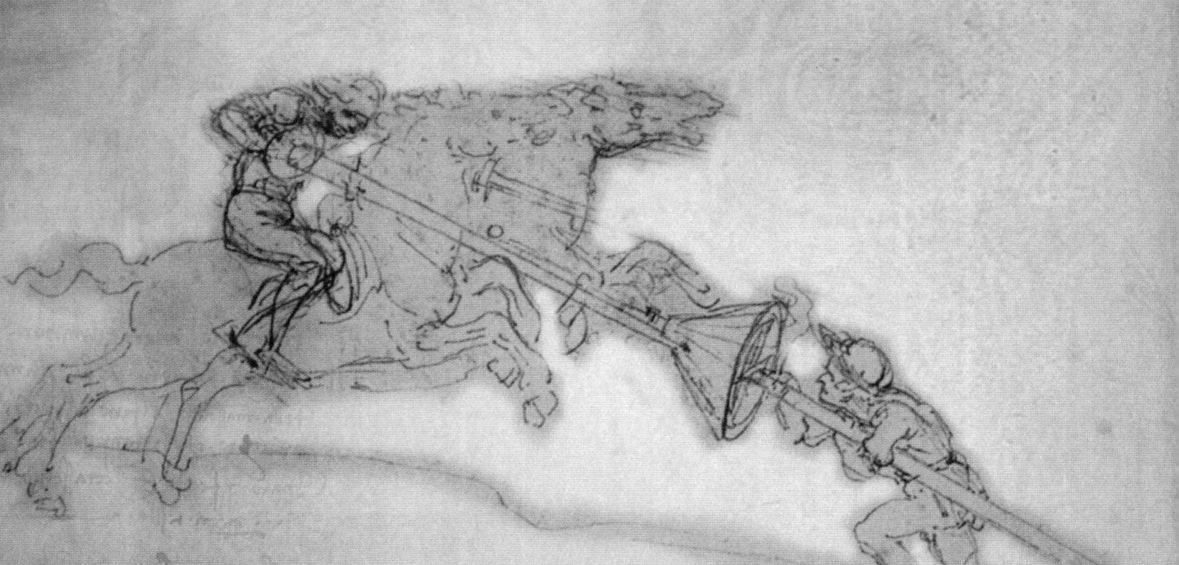

答案见209页

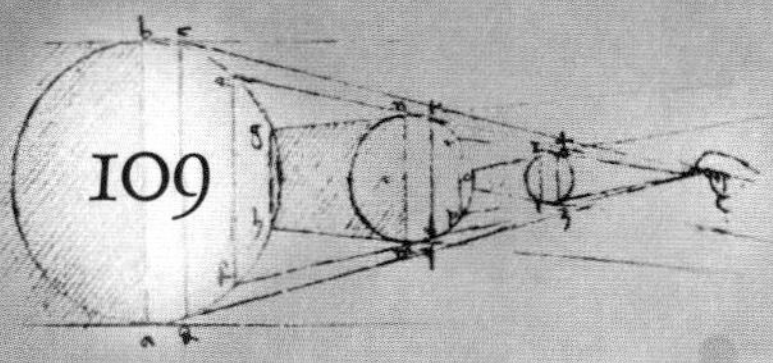

109

土地分配

四位红衣主教为了一块土地争论不休。于是，他们请教皇出面裁决。

每位红衣主教都要求自己的土地要和其他三位主教的土地大小一样、形状一样。

那么教皇要如何分割这块土地呢？

答案见210页

110

宝藏

达·芬奇最秘密的宝藏藏在一个金库里，金库位于一个古怪的双面肖像画的后面，双面肖像画由16块瓷片组成，镶嵌在一个精致的装置中。

当拉动一个杠杆的时候，无论横向的还是纵向的，所有瓷片都会快速地翻转，露出另一面的肖像画。

这些杠杆上都标有字母，如图所示。如果拉错了杠杆组合，那么，里面的火药装置就会被引爆，进而毁掉里面的秘密收藏，很有可能还会使探秘者丧命。

你认为最有可能的杠杆组合是什么？

答案见211页

III
S N D I

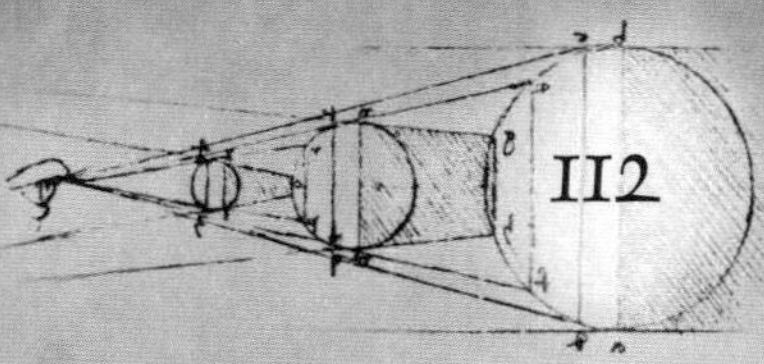

异 教

“万能的上帝已经示意，你要因为你的罪孽而受到惩罚。《民数记》第32章、第23节。”检察官邪恶地吟诵着。

达·芬奇什么也没说。检察官拿出一个黑布袋子，说道：“天使挥舞镰刀来到人间，收获地上的葡萄，并把葡萄扔进了忿怒的上帝准备的巨大的榨汁机中。《启示录》第14章、第19节。”（译者注：此句的意思是，上帝要惩罚罪恶的人们。葡萄代表人类。）

“在这个袋子里装有两颗葡萄：一颗白色，一颗黑色。如果你拿到的是白色葡萄，大法官会判你无罪；如果你拿到的是黑色葡萄，你就要以异教徒的罪名被烧死。”

从检察官那充满恶意的眼神中，达·芬奇确定了他的猜疑：两颗葡萄都是黑色的。

但是，从来没有人会控告检察官说谎。

达·芬奇把手伸进了袋子里，嘟囔着：“《马太福音》第15章、第11节。”

达·芬奇如何才能免于被烧死的命运呢？

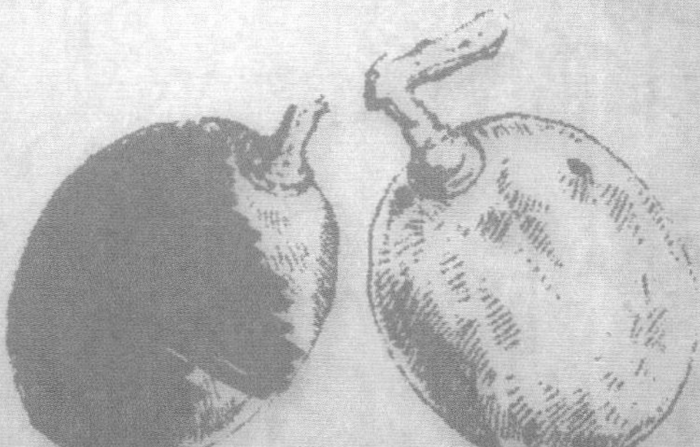

答案见212页

113

间 谍

切萨雷·波吉亚对派出的三个间谍说："去查探一下，在周边地区居住着多少法国支持者。"

"有50人，或者更多。"第一个间谍说道。

"我不敢苟同，领主，人数不到50人。"第二个间谍说道。

第三个间谍摇了摇头："至少有一个人。"

如果他们中只有一个人说的是真话，那么波吉亚必须要对付多少法国支持者呢？

答案见212页

114

拼图谜题

下一页的绘画作品不必做任何介绍，作品中有六处遗失了，你能将下方标有数字符号的碎片和画作中的符号匹配上吗？

I

II

III

IV

V

VI

答案见213页

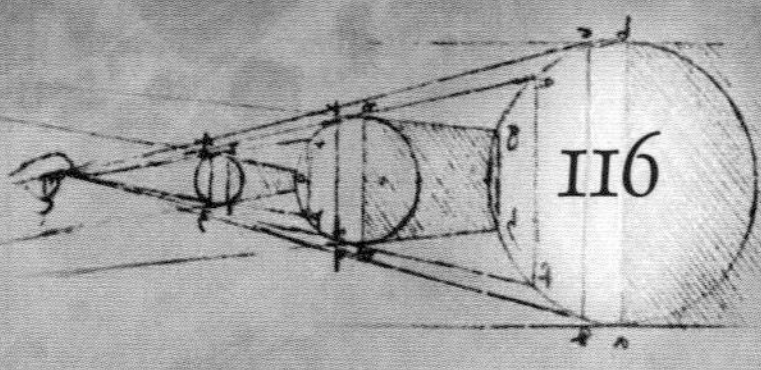

116

自我实现的预言

你能将一位数数字填写在下方的横线上吗？

数字1出现________次，

数字2出现________次，

数字3出现________次，

数字4出现________次，

数字5出现________次。

3

1 2 3 1

1 2 3 4 5

答案见214页

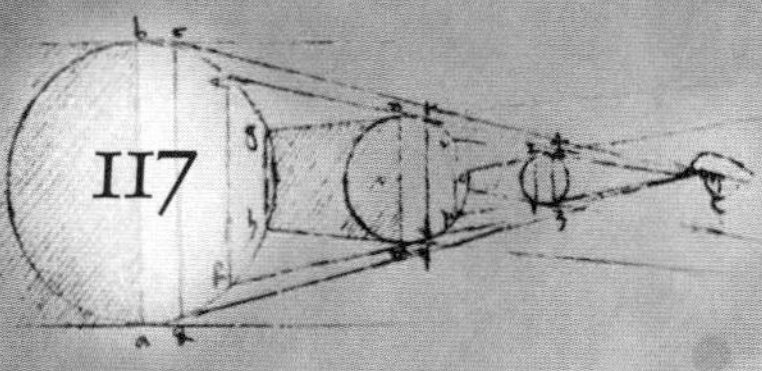

117

1000天的罪恶

一位布道者来到一个小镇宣扬新的异教。

第一天，没有人来听他布道。

第二天，一个人来听他布道，然后听从布道者归入异教；接下来的第二天，又有两个人加入聚会；第三天又有两个人加入；第四天又有三个人加入，以此类推……

在1000天后，小镇里共有多少异教徒？

你会发现：考虑从首尾时间入手，某些问题就可迎刃而解。

答案见214页

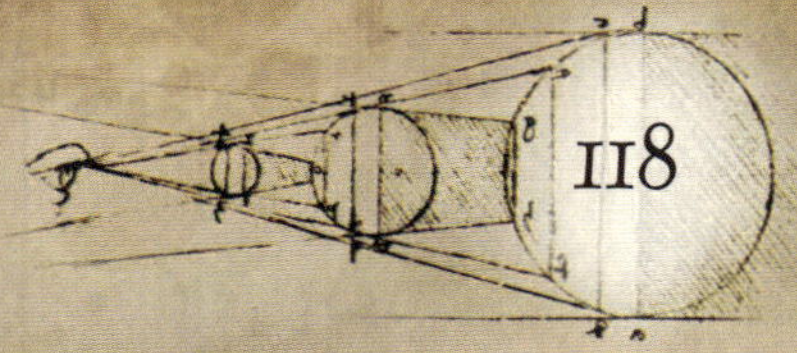

达·芬奇谜图

你能将这9个占星术符号插入到下方的框格中，使得每个符号在每一行、每一列以及每个3×3的框格内仅出现一次吗？

答案见215页

旋转的金币

将大小一样的两枚金币并排摆放，使其相互接触。将其中一枚金币固定，另一枚金币贴着第一枚金币的周边旋转，确保不要打滑。

请你猜一猜，第二枚金币在回到原位的时候，共旋转了几周？

答案见216页

120

守卫室

两个领主分别住在相邻的两个国家，这两个国家的首都（西尼斯特拉和戴斯特拉）仅隔一条河，通过这条河的唯一途径，就是河上仅有的一座桥。但是，在最近的一轮较量之后，双方达成一致：任何人不得走这座桥前往对方的国度。

在桥的中央设有一个塔楼，里面只有一个守卫。按照命令，这个守卫每6分钟要从塔楼里出来一次，把试图过桥的人撵回他们自己的国家，此外，他还可以用弓弩来对付那些企图抗法的人们。

这座桥仅可以步行通过，通过整座桥需要12分钟。

一天，达·芬奇要从西尼斯特拉到戴斯特拉去办一件重要的事。

这个聪明人如何才能通过这座桥呢?

答案见216页

金币的概率

“我的朋友，你知道概率是怎么回事吗？”达·芬奇问。

“当然。”沙莱回答，“我可不再是你带进来的那个对数学一窍不通的小孩了。我知道，如果我掷出一枚硬币，出现正面的概率是二分之一；如果我掷出一枚骰子，出现任何一个数字的概率是六分之一。”

“没错。”达·芬奇神秘地笑了，心想沙莱了解得还不错。

“你来观察一下，我的这个袋子里装有四枚硬币：一枚铜币、一枚银币，还有两枚金币。我拿出两枚硬币，发现其中一枚是金币。那么，另一枚硬币也是金币的概率是多少？”

答案见217页

122

钱袋子

“看，现在我有两个钱袋子。”达·芬奇说。

沙莱咯咯地笑着说：“师傅，人们拿着钱袋子要么去市场，要么放高利贷。您是我知道的唯一一位用钱袋子做智力题的人。”

“注意，‘小恶魔’，”达·芬奇说，“每个袋子里有三枚金币、三枚银币和三枚铜币。

“我不向第一个钱袋子里看，尽可能多地拿出硬币，但要留下足够多的硬币来确保每种类型的硬币都在里面。然后，我把拿出来的硬币放到第二个钱袋子里。

“同样，不向钱袋子里看，我从第二个钱袋子里拿出最少的硬币放到第一个钱袋子里。这样我可以确保，在第一个钱袋子里，每种类型的硬币都有两枚。

“请告诉我，在第二个钱袋子里还剩多少枚硬币？”

答案见218页

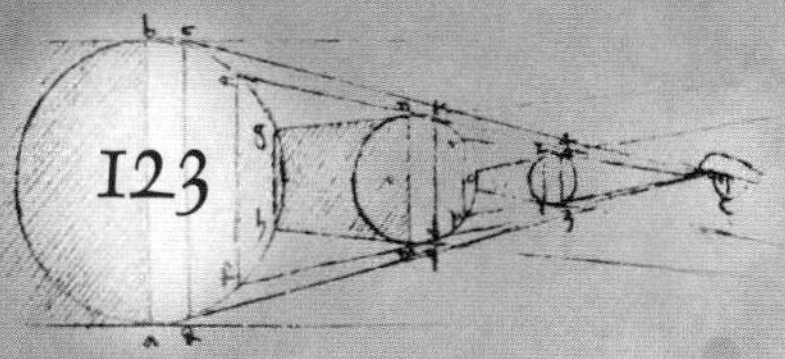

是人都会犯错

人们认为，达·芬奇在他的笔记和表格中，故意记录一些错题，这样他的一些好主意就不会被别人盗走。

请问，下方的数字模式里面有什么错误吗？

0 → 1 → 1 → 2 →

3 → 5 → 8 → 13 →

22 → 34 → 55 → 89 →

144

答案见218页

拼图谜题

下一页是油画《抱白貂的女子》，作品中有六处遗失了，你能将下方标有数字符号的碎片和画作中的符号匹配上吗？

I

II

III

IV

V

VI

答案见219页

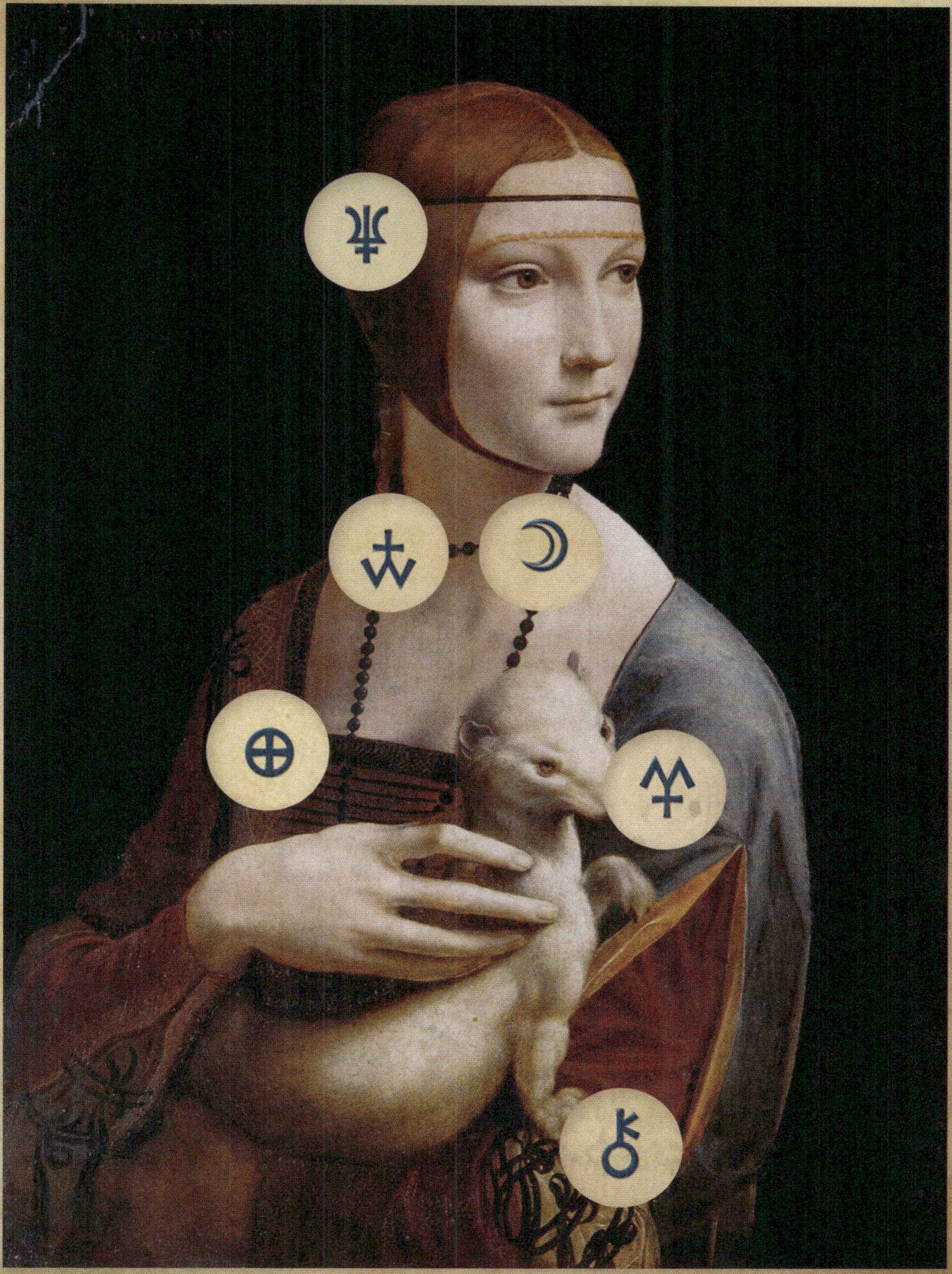

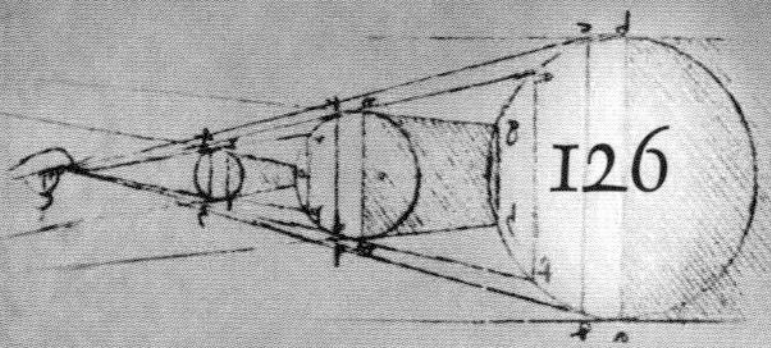

126

力量对抗

为了保护密室，达·芬奇发明了一台新型精密仪器，一个带有三个支点的天平。

在用上所有砝码的情况下，整个设备处于平衡状态，密室的门就会打开；如果不能处于平衡状态，那么入侵者就会发现自己已经落入陷阱之中。

砝码没有任何标注，所以达·芬奇和他信任的伙伴必须要记住这八个砝码的重量，如下图：

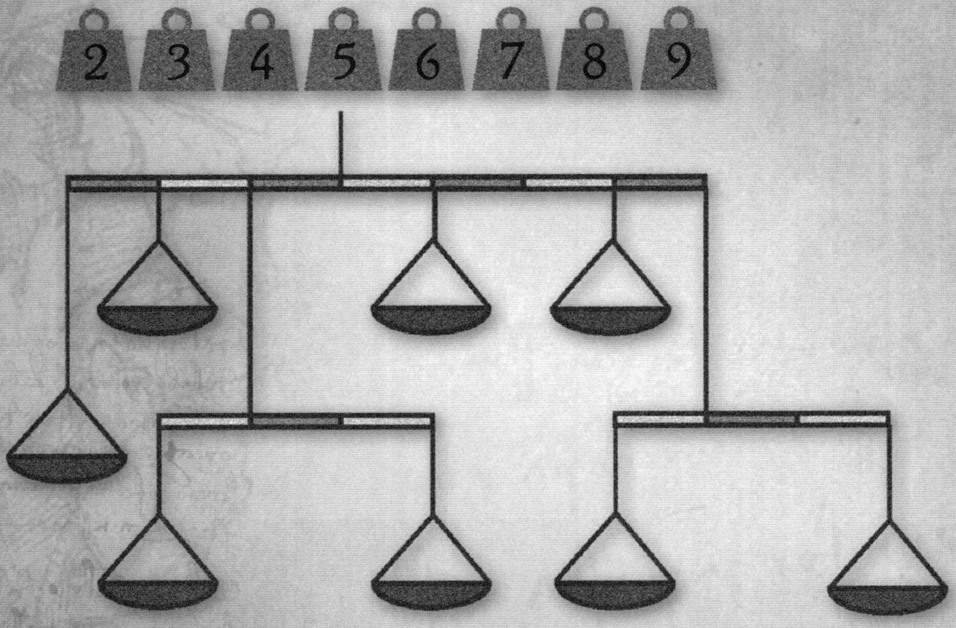

那么，如何放置这些砝码才能使天平保持平衡呢？

答案见220页

127

秘密的账本

美第奇家族给账本设置了编码，但是他们设置的编码对达·芬奇来说就是小孩的游戏。

看着下图的总数，他得出了这样的结论：这些符号代表着数字1到4。

记住这一点，你能说出每个符号代表的数字吗？

答案见220页

128

领 土

公爵在领土的地图前陷入了沉思。他叫来了达·芬奇。

“这是一道难题，”公爵说，“在一个地区或者是相邻区域，不能让任何一个派系有过大的势力，这是非常重要的。”

你能将以下6个符号插入到下图中，使得每个符号在各颜色区域、每一行、每一列都仅出现一次吗？

答案见221页

129

山

请在每个方块中填写一个数字，使得每一对方块中的数字之和等于其上方方块中的数值。

答案见222页

致盲的无知误导着我们。哦！倒霉的人啊，睁开你的眼睛吧！

——达·芬奇

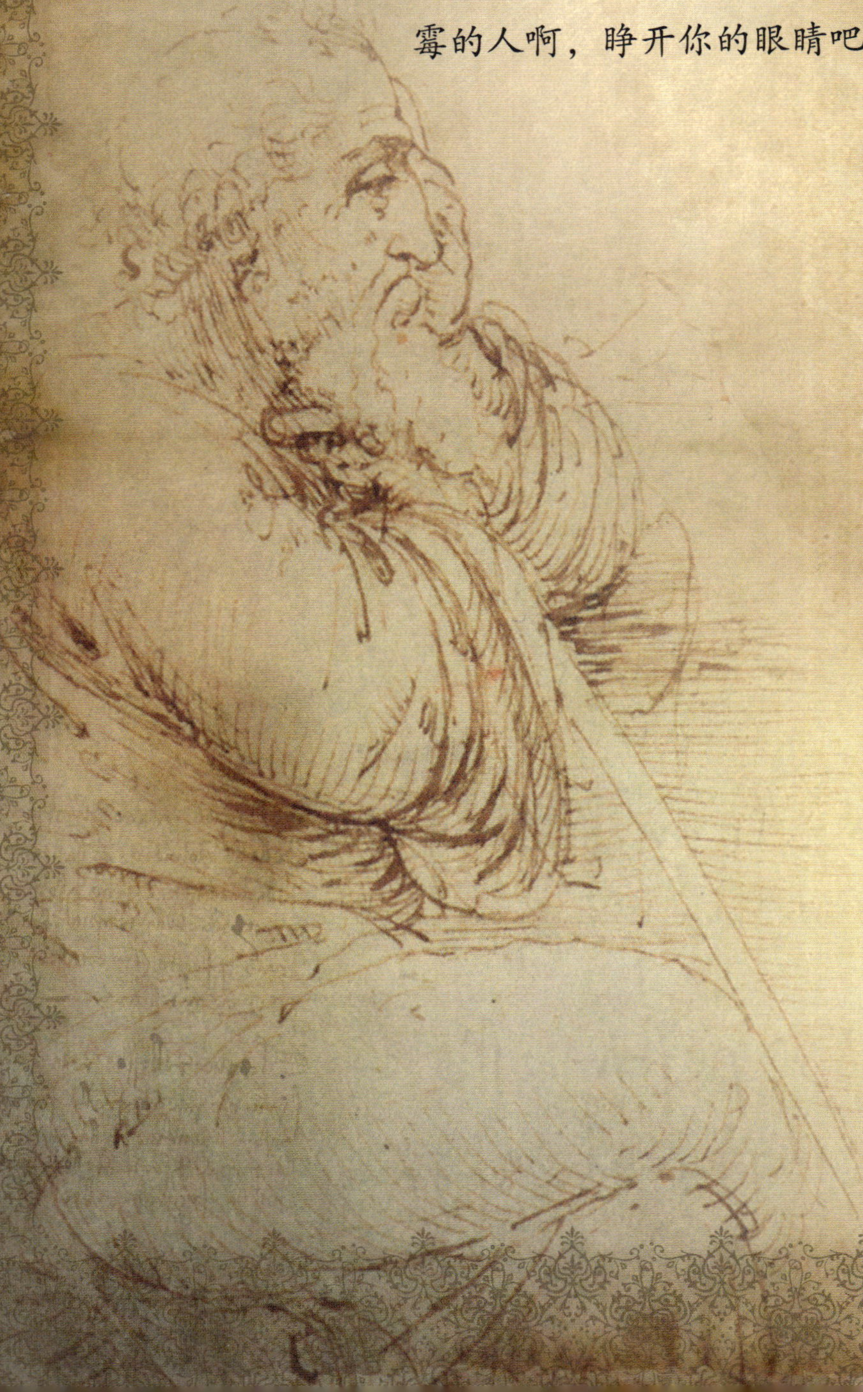

大师级谜题

尽管达·芬奇仅有少量绘画作品存世，但是，他的这些遗作仍散发着无穷的魅力。

达·芬奇被人们推崇为大师级的画家、雕刻家和发明家，但是他的所有才智源于一种强烈的好奇心和对破解谜题的热爱。

一个关于达·芬奇孩提时期的奇闻说明了这一切。他回忆了一次在山里探险的经历——在山里，他发现了一个漆黑的山洞，他想象着有一个最恐怖的怪物潜伏在山洞深处。但是，与害怕相比，他想探索山洞深处的好奇心要更加强烈。

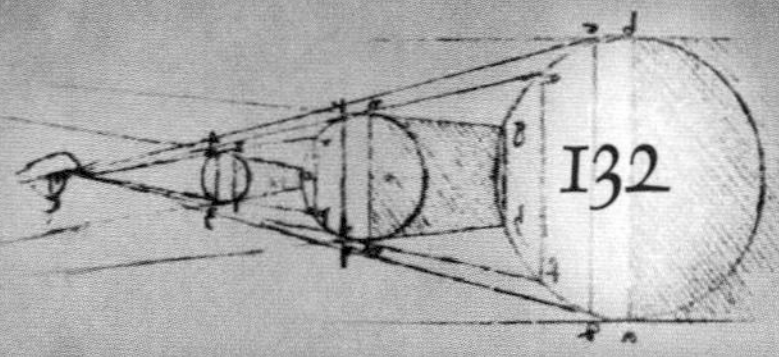

多次折叠

沙莱正在叠一张羊皮纸——顾客的发票。

“沙莱，请告诉我，如果可能的话，我把那张羊皮纸折叠30次，那么这个屋子仍然能够容纳下它吗？”达·芬奇问。

沙莱眨了眨眼睛，似乎这个问题听起来毫无意义。

请问，你知道问题的答案吗？

答案见223页

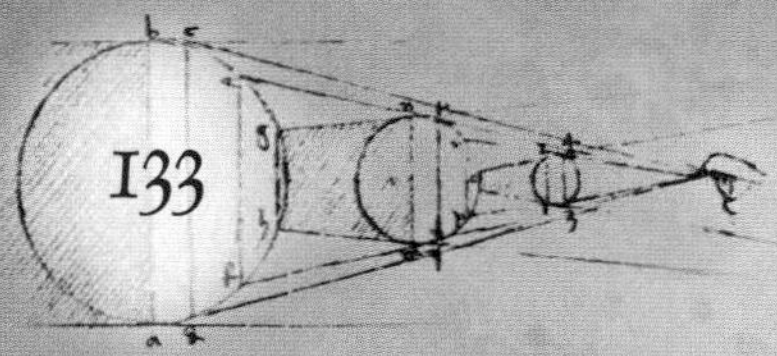

悖 论

达·芬奇说：“想象一下，此时你正在和乌龟赛跑。”

沙莱哈哈大笑起来：“和一只乌龟比赛，师傅？”

“非常正确。为了公平起见，让乌龟先跑1000尺。

“我们假设你的速度是乌龟的速度的10倍。这种假设是随意的，没有任何证明。

“比赛开始。当你已经跑了1000尺的时候，乌龟在你前方100尺的地方。当你又跑了100尺的时候，乌龟仍然领先10尺。

“那么，‘小恶魔’，你能不能追上这只乌龟？”

答案见223页

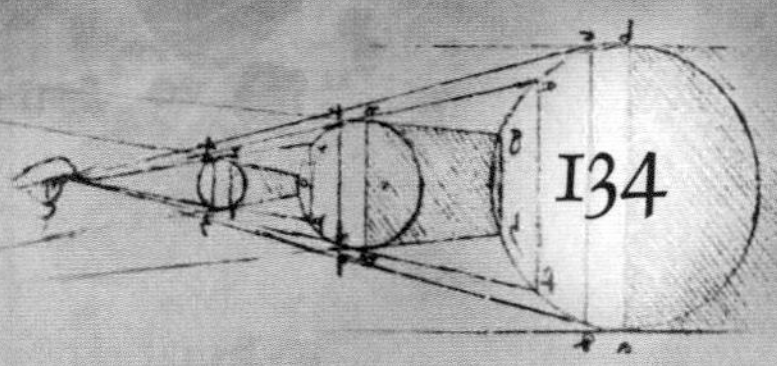

达·芬奇谜图

你能将这9个占星术符号插入到下方的框格中，使得每个符号在每一行、每一列以及每个3×3的框格内仅出现一次吗？

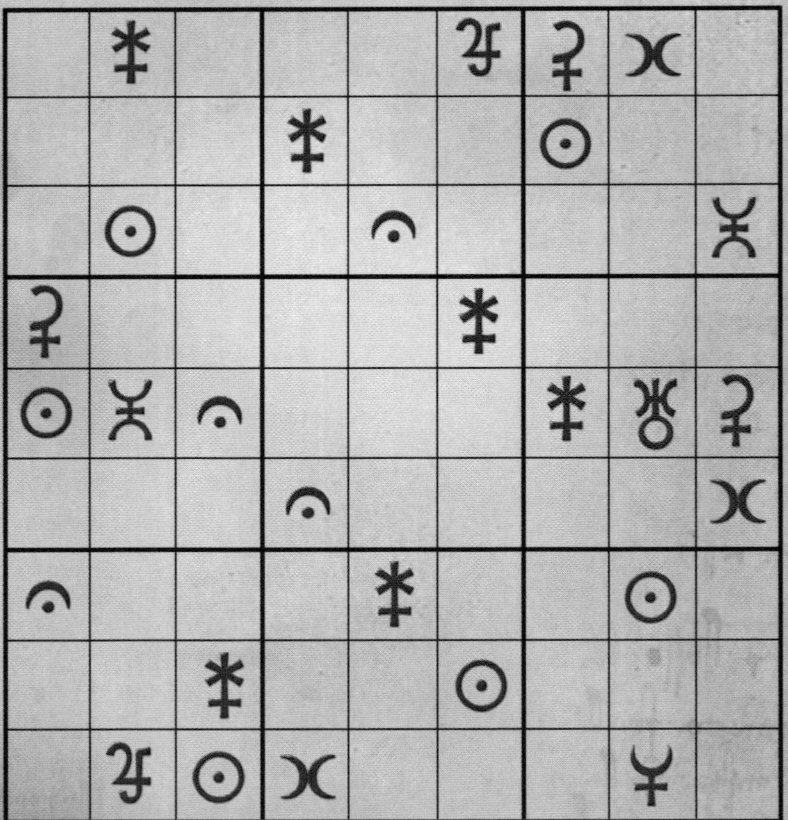

答案见224页

135

现 金

洛伦佐·美第奇喜欢用现金的方式奖励他的亲信领主们。他想奖励9个领主，于是从金库中取出了44枚金币。

为了鼓励公平竞争，美第奇想奖励每个领主不同数量的金币。他能做到吗？

答案见225页

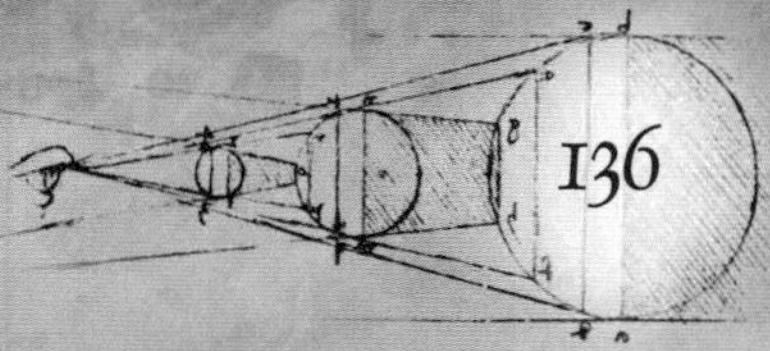

拼图谜题

下一页是油画《圣母子、圣安妮和施洗者圣约翰》，作品中有五处遗失了，你能将下方标有数字符号的碎片和画作中的符号匹配上吗？

I

II

III

IV

V

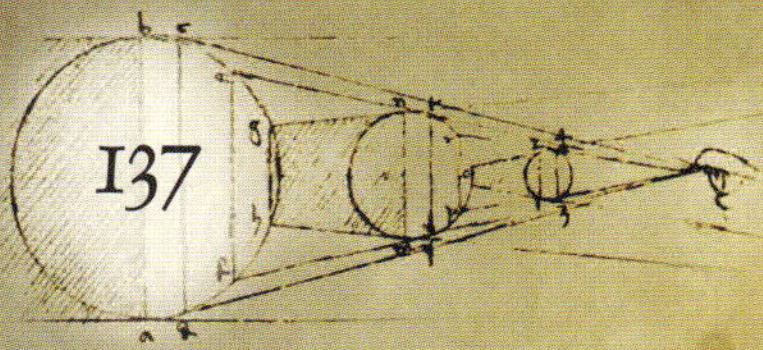

答案见226页

138

集会游戏

佛罗伦萨有一个集会，在这里有许多技能博弈的游戏，游戏的摊主们早已准备好，要拿走容易上当的佛罗伦萨人兜里的钱。

达·芬奇发现，一位迷人的年轻女士在“旋转弗罗林（一种货币）”的摊位前准备试一下运气。游戏的目的是：将1个直径为1英寸的硬币扔在涂漆的桌子上，最终硬币要完全停在1个2×2平方英寸的涂着颜色的网格内，如下图所示。

达·芬奇噘起嘴，问那个摊主：“如果她的硬币最终停的位置不在任何一行或一列，那么这位女士会赢得什么？”

“老爷，除了取回她自己的弗罗林，她还会赢1个弗罗林。”摊主回答道。

“女士，”达·芬奇说道，“我给您推荐另一个游戏来玩吧，或者，我给您说一说这个游戏的输赢规则吧。”

达·芬奇为什么要这么做呢？

答案见227页

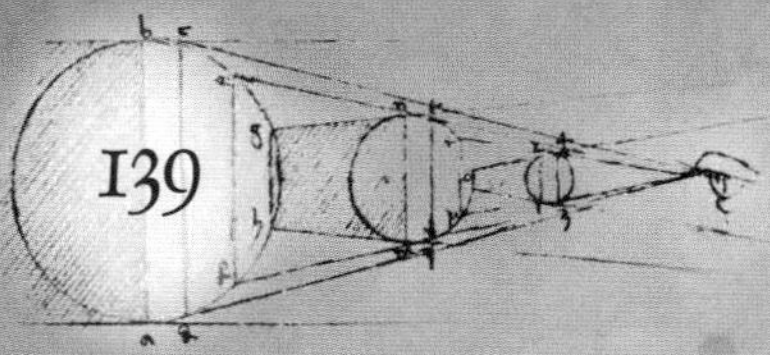

139

多边形

达·芬奇给他的新学生们出了一道题：

“在你的羊皮纸的中央画出一个半径为1英寸的圆。然后，在圆的外围画一个等边三角形。接下来，在三角形的外围再画一个圆，然后在第二个圆的外围画一个正方形。然后画第三个圆，再画一个规则的五边形。一直这样画下去，要求每次规则多边形的边数都要增加一个。”

“如果你重复这个过程，不断增大圆圈和多边形，那么，你需要一张多大的羊皮纸呢？”

答案见228页

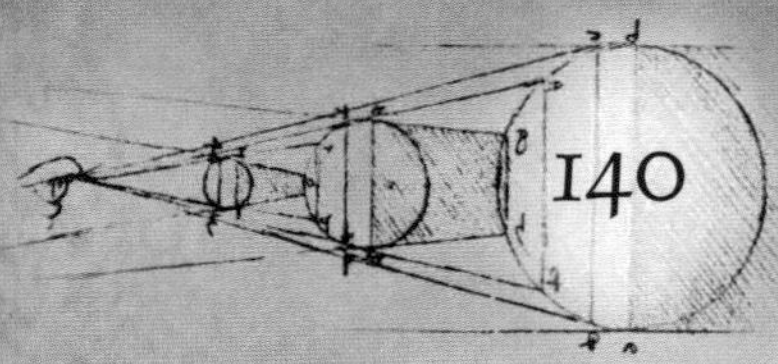

维特鲁威人

下面的人物肖像可以分成若干对，每一对肖像完全一样。图中，有一个肖像是单独的，位于纵向排列的三个肖像之中。你能找出来吗？

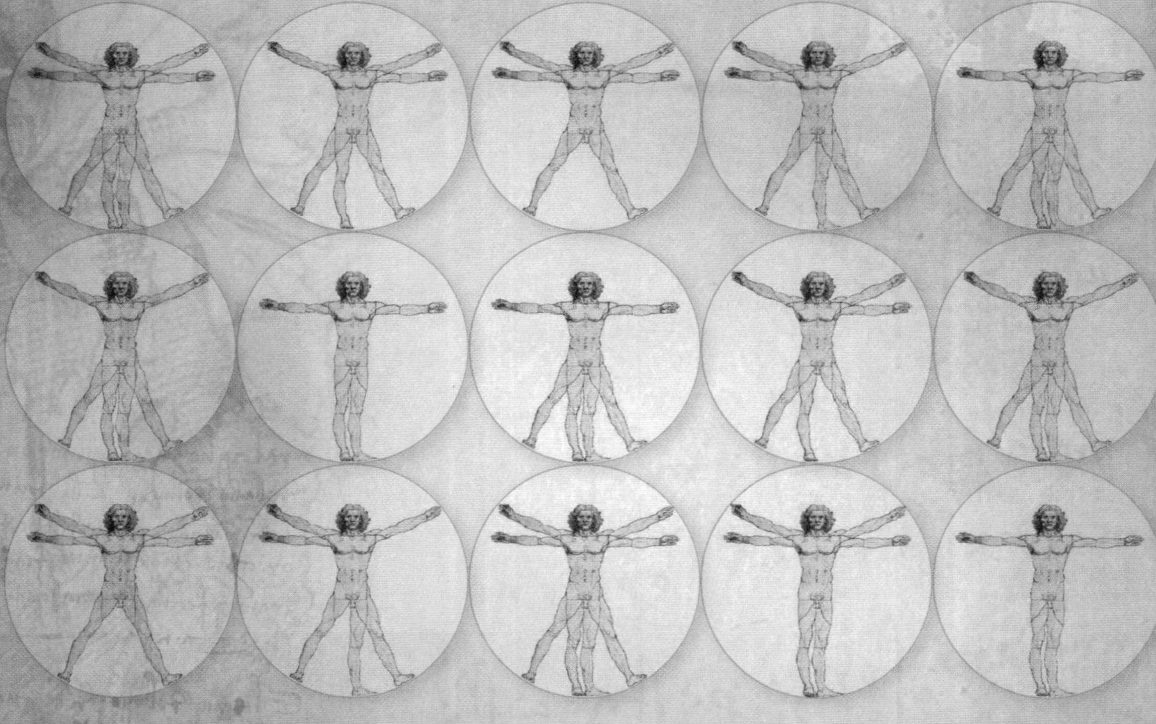

答案见228页

141

五边形

每个符号代表什么数字？

答案见229页

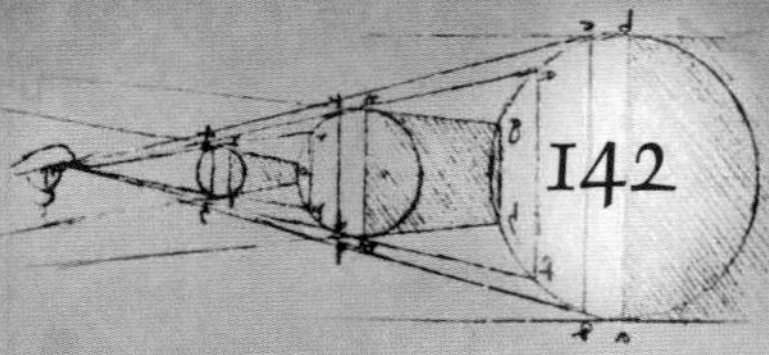

被分割的王国

罗德里哥·波吉亚将他的一部分土地分给了他那四个喜欢竞争的孩子：乔凡尼、切萨雷、卢克雷齐娅和杰弗里。

每个孩子都要求所分得的土地要和其他兄弟姐妹的大小一样、形状一样，并且土地上一定要有教堂、城楼、工厂，还有小镇。

答案见230页

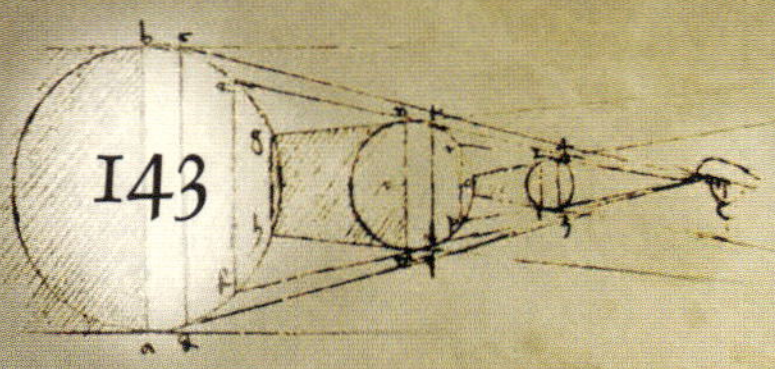

143

达·芬奇谜图

你能将这9个占星术符号插入到下方的框格中，使得每个符号在每一行、每一列以及每个3×3的框格内仅出现一次吗？

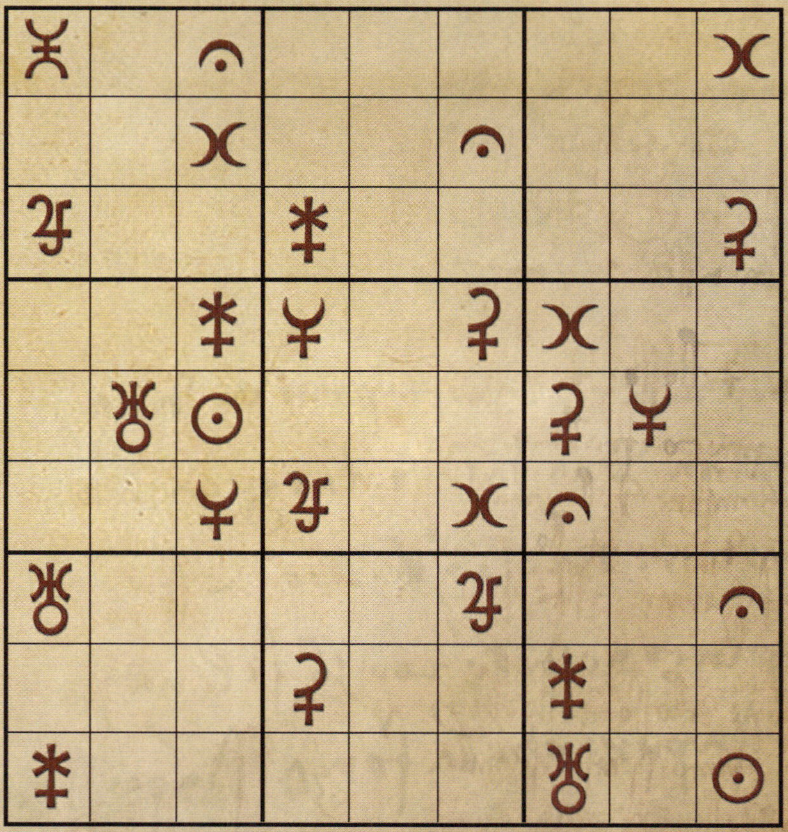

答案见231页

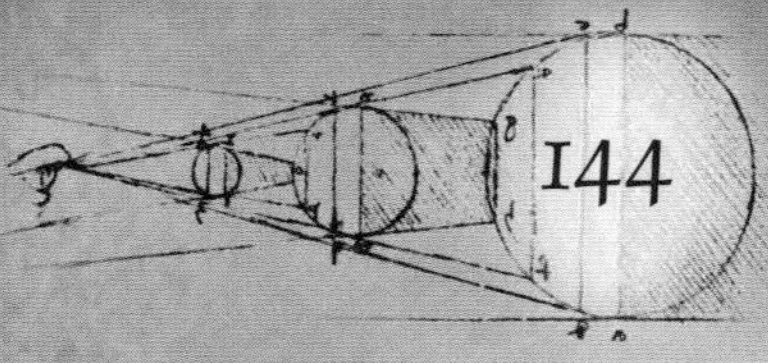

再一次被分割的王国

可怜的罗德里哥·波吉亚又被四个贪得无厌的孩子团团围住，他不得不再送给每个孩子大小相同、形状一样的土地。为了表示公平，每块土地上必须有铁匠铺、粮食、家畜和葡萄园。

答案见232页

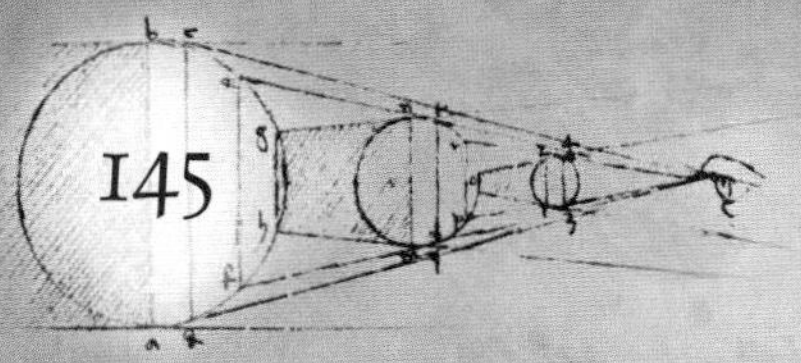

145

致命的逻辑

波吉亚家族利用各种手段拉拢或者铲除对手。通过下面的网格信息和线索，你能查出是谁对谁做了什么，为什么吗?

	权力	金钱	报复	红衣主教	大使	领主	敲诈	谋杀	引诱
切萨雷									
卢克雷齐娅									
乔凡尼									
敲诈									
谋杀									
引诱									
红衣主教									
大使									
领主									

线索:

卢克雷齐娅·波吉亚引诱她的受害者，但不是为了报复。

乔凡尼的权力欲永远得不到满足，但是这次，他没有为了获得权力而去杀人，并且他的受害者不是红衣主教。

法国大使因触怒了波吉亚家族而成为了报复的目标。

答案见233页

146

领 土

“在帮我为各个公会和派系分配土地的事情上，你做得非常好，”公爵说道，“我需要你和上次一样帮我分配刚刚征服的土地。”

你能将以下6个符号插入到下图中，使得每个符号在各颜色区域、每一行、每一列都仅仅出现一次吗？

答案见234页

147

一块儿蛋糕

我们当地有一个风俗，当两个人共同分享一个蛋糕的时候，如果其中一个人切蛋糕，那么，为了确保分配公平，另一个人要先选自己的那块儿蛋糕。”罗棱佐·美第奇说道，他是达·芬奇现在的雇主。

“然而，今天晚上，我要和三个贵宾共进晚餐。可是，按照我们当地的风俗，我怎么做才能确保分配公平呢？”

答案见235页

拼图谜题

下一页是《戴珍珠头饰的夫人像》，作品中有五处遗失了，你能将下方标有数字符号的碎片和画作中的符号匹配上吗?

I

V

II

IV

III

答案见235页

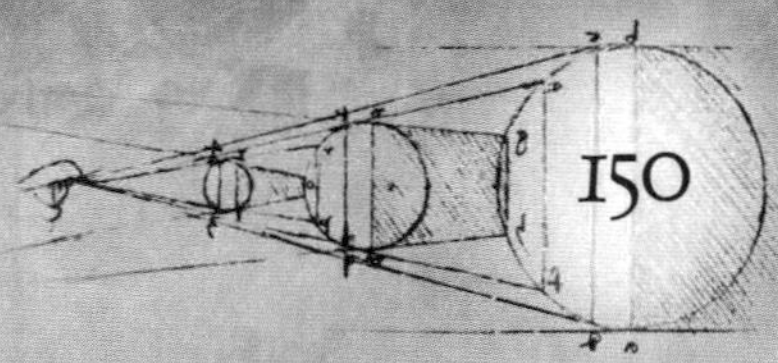

关 系

“真是既反常理，又大不敬！”红衣主教高声喊道。

“镇定！”教皇亚历山大说道，“说说什么情况？”

“有一个传言说，在佛罗伦萨有两个牧师，他们的关系违背常理。”

教皇噘起嘴：“怎么回事？”

“神父阿尔贝托既是神父本尼迪克特的叔叔，也是他的侄子。反过来，神父本尼迪克特称呼神父阿尔贝托为‘叔叔’和‘侄子’”。

“的确违背常规，”教皇说道，“这种事可能吗？”

答案见236页

151

天降大雨

五个牧师正在去往教堂的路上，这时突降大雨。其中四个跑着寻找避雨的地方，但是仍然全身都湿透了。第五个人原地没动，却一点儿也没被淋着。

这是怎么回事？

答案见236页

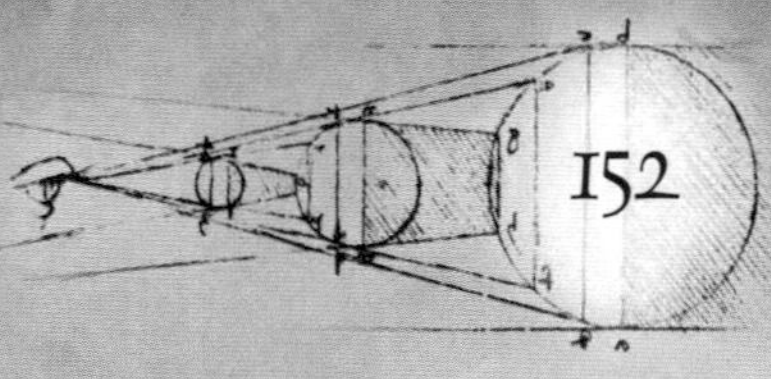

152

佣 金

达·芬奇一直在催要佣金，沙莱负责追讨。请问谁是雇主，雇达·芬奇做什么，通过什么媒介，他们提供多少佣金？

	500弗罗林	750弗罗林	1000弗罗林	一匹马	本人	“童贞”圣母马利亚	油画	壁画	雕像
斯福尔扎									
波吉亚									
美第奇									
油画									
壁画									
雕像									
一匹马									
本人									
“童贞”圣母马利亚									

线索：

雕刻“童贞”圣母马利亚塑像，波吉亚没有付佣金。

斯福尔扎支付500弗罗林，但不是用来制作自画像。

画自画像的佣金比美第奇给的佣金少，但比画油画的佣金要多。

答案见237页

153

路 标

一个人骑马横跨意大利。他路过一个石碑，上面标注着：距离罗马 97 英里。

下一个路标写着距离罗马 **89** 英里，再下一个路标写着距离罗马 **83** 英里，然后是 **79** 英里、**73** 英里……

当他到达写有19英里的路标时，他还要再路过多少个路标才能到达罗马？

答案见238页

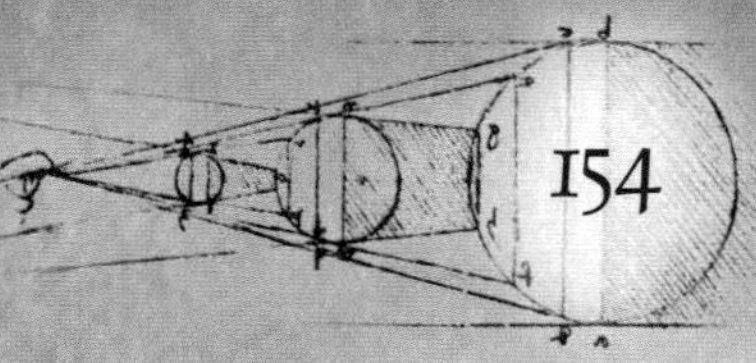

数字谜题

有6个连续数字，请将它们放入这个网格的方框中，使得横行、竖列以及长对角线上的数字相加的结果相同。

		14
	11	
8		

答案见238页

155

达·芬奇谜图

你能将这9个占星术符号插入到下方的框格中，使得每个符号在每一行、每一列以及每个3×3的框格内仅出现一次吗？

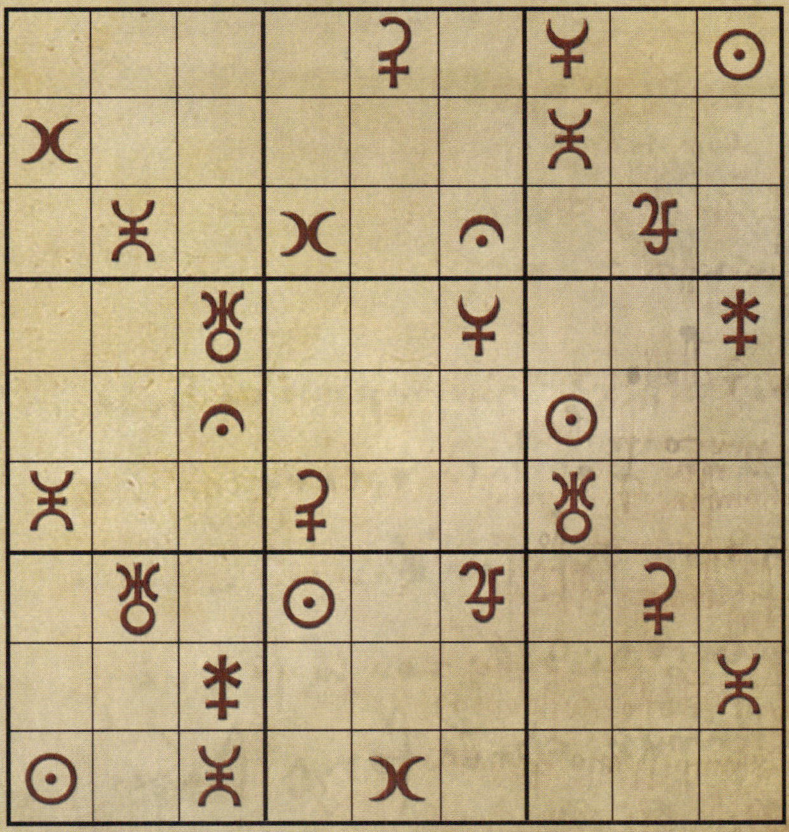

答案见239页

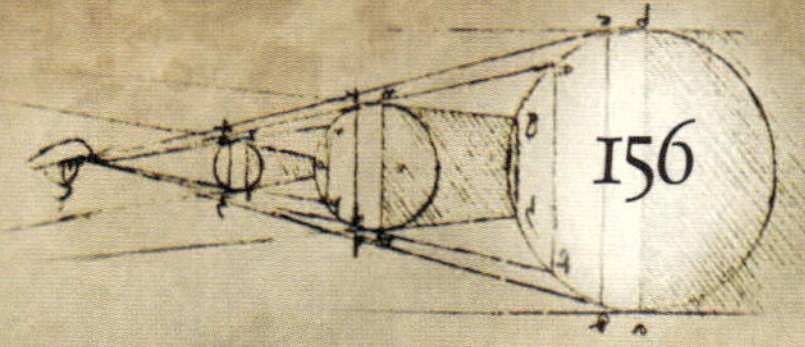

艺术品的价值

请判断下面每件艺术品的价值，并计算出问号代表的数字。

答案见240页

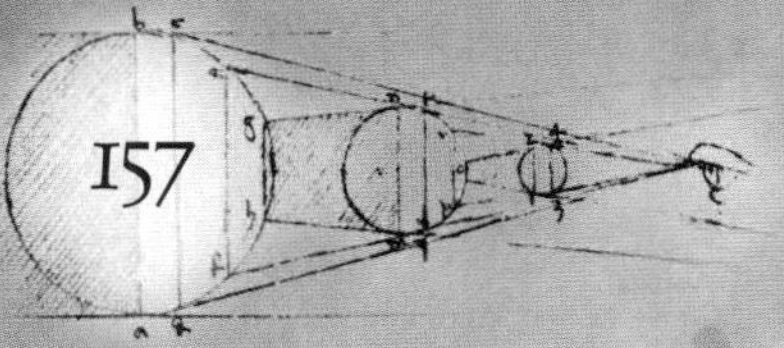

逻辑框

请判断每个方框中数字的关系，并找到丢失的数字。

13		6
	209	
8		3

7		9
	272	
5		12

11		3
	?	
2		14

答案见240页

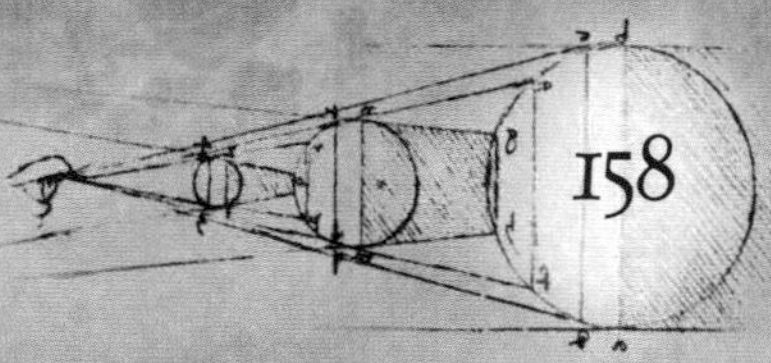

价值判断

文艺复兴时期有许多艺术家，他们的名字被世人铭记，他们对文明发展的价值是无法估量的。

但是，假如米开朗琪罗（Michelangelo）的价值是25，波提切利（Botticelli）和多那太罗（Donatello）的价值都是16。那么，达·芬奇（da Vinci）的价值是多少呢？

答案见241页

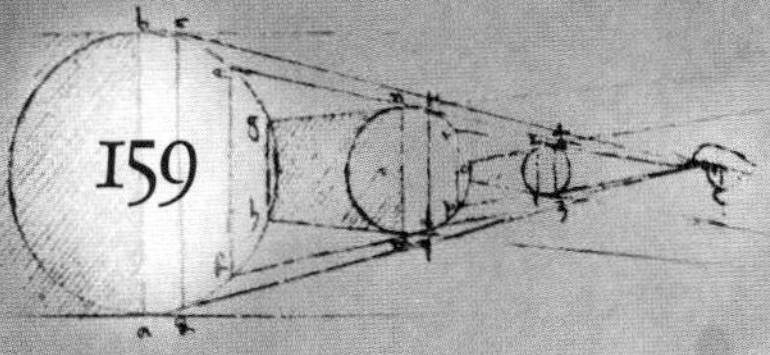

159

后 果

在结束了与教皇军队的战役之后，美第奇军队统计了伤亡情况。

在131名美第奇士兵中，112人受伤。其中，46人断了胳膊，16人断了腿，10人伤口感染，无法治愈。断肢的士兵和伤口感染的士兵将不再适合冲锋陷阵，其他人还可以继续服役。

那么，受伤的士兵中，最多能有多少人可以恢复健康？

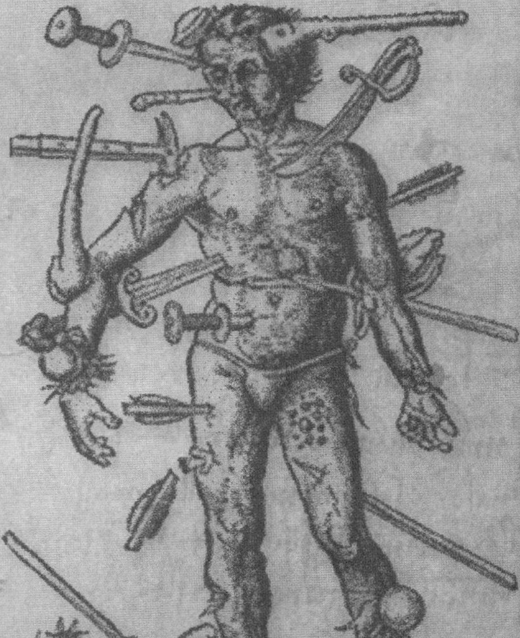

答案见241页

拼图谜题

下一页是《美丽的费蓉妮叶》，作品中有五处遗失了，你能将下方标有数字符号的碎片和画作中的符号匹配上吗？

I

II

III

IV

V

答案见242页

一把旋转的锁头

这把锁上锁的装置由4个齿轮组成，它们的尺寸依次增大：8个齿、9个齿、10个齿、18个齿。

当所有的箭头都向上的时候，锁就打开了。那么，最小的齿轮需要转多少圈才能将锁头打开呢？

答案见243页

163

艺术品的价值

请判断下面每件艺术品的价值，并计算出问号代表的数字。

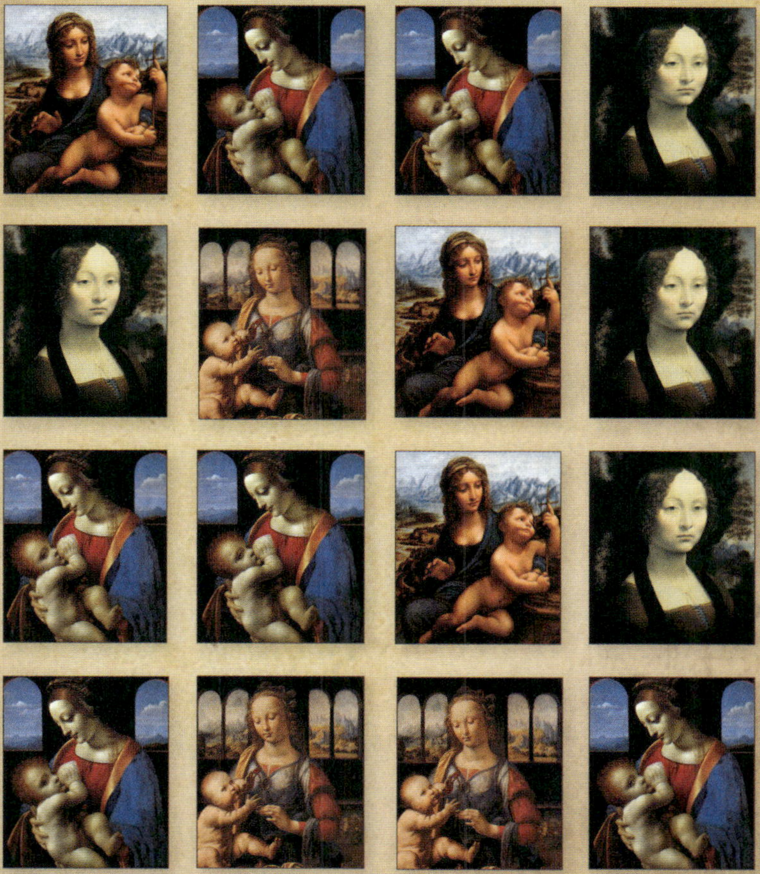

				32
				?
				32
				12
32	12	26	61	

答案见243页

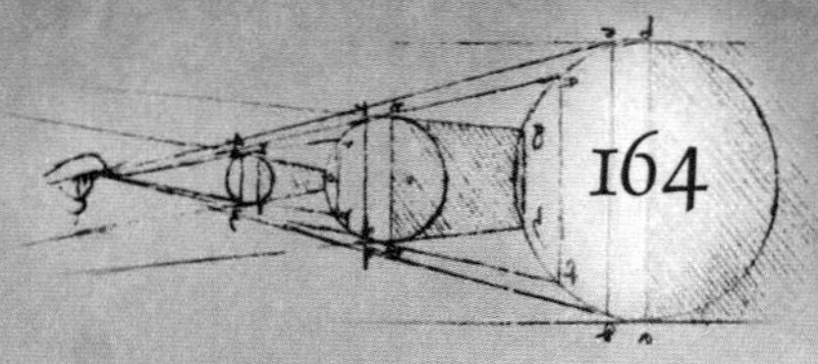

力量对抗

米兰公爵听说达·芬奇根据天平原理设计了一套安全系统，公爵认为他的金库也需要安装这样的系统。

下图中砝码的重量分别是：

请问，如何放置砝码才能使天平达到平衡？

答案见244页

165

认知游戏

达·芬奇设计的精密装置变得越来越复杂。这个复杂的齿轮系统就安装在他的工作间的墙上。请大胆地想象，转动机械把手将会发生的情况。请问，如果将把手按逆时针方向旋转，篮子会上升还是下降？

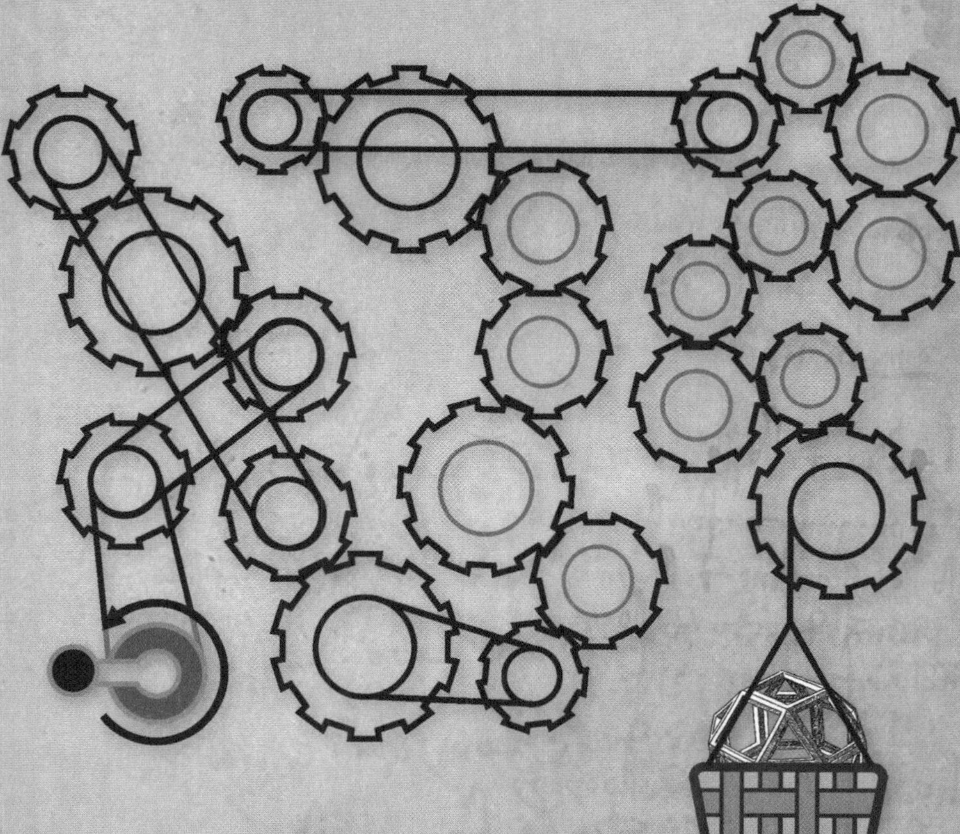

答案见244页

答 案

新手级谜题

页码

12 艺术品的价值

?=6

1

3

2

4

13 一支箭

沙莱在射箭前把帽子挂在了箭头上。

14 认知游戏

沙莱应该按逆时针方向转动扳手。

15 图案识别

每个纵向和每个横向的方框中都包含以下内容：

· 一个方形、一个圆形、一个三角形

· 一个绿色图形、一个橘黄色图形、一个黄色图形

· 一个ʘ、一个♀、一个♂

所以，空白方框中应该是一个绿色的带有♀的圆圈。

页码

16–17

拼图谜题

I II III IV V

18 # 翻　牌

这个问题中的措辞是非常重要的：这个问题是关于金色的纸牌，所以左起第二张牌可以忽略不计了。翻开第一张牌，如果看到的是一个杯子，那么你可以马上得出结论："不是"；如果看到的是一颗星，那么你需要再翻开另一张牌。但是翻哪一张呢？你可能想要翻开第四张牌，那是没有用的。你必须要翻开第三张牌。如果背面是金色的，那么答案就是"不是"；如果是绿色的，那么第四张牌是什么颜色都无关紧要，因为你已经判断出金色的纸牌的正面不会有杯子图案，因此答案是"是的"。

19 # 商　人

商人共带来9颗宝石，上午卖掉3颗，下午卖掉3颗。

页码

20-21 专注力谜题

22 太聪明了

要想解开这个谜题，你必须消除头脑中所有的复杂计算，只记下你所看到的就可以。

从第二行开始，每一行描述的是前一行的内容。第一行中有一个单独的数字“1”，你可以认为是“1个1”或者写成“1……1”。

那么，第三行中有“2个1”或者写成“2……1”。

第四行中有“1个2和1个1”或者写成“1……2……1……1”。以此类推。

这样下来，要计算的一行应该描述成“3个1，1个3，1个2，1个1，1个3，1个2，2个1 ”：3 1 1 3 1 2 1 1 1 3 1 2 2 1

页码

23

达·芬奇谜图

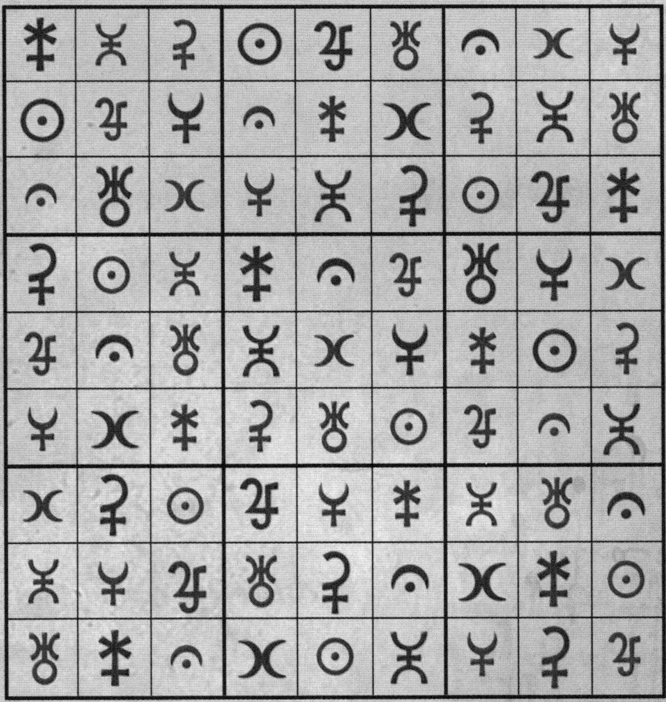

页码

24-25

拼图谜题

I　II　III　IV　V

页码

26 图案识别

每一行和每一列都包含以下内容：

· 一个橘色的方格、一个黄色的方格和一个绿色的方格

· 两匹马面向右侧，一匹马面向左侧

· 两匹大马，一匹小马

所以，空白方框内应该是橘色的，图案是一匹面向右侧的大马。

27 算术的艺术

希望你已经理解了题中的线索，看出这不是一道数学谜题。第一组数字都是曲线形的；第二组数字都是直线形的；第三组数字中既有曲线形数字，又有直线形数字。所以，15和16应放到第三组，17应放到第二组。

第一组	第二组	第三组
0 3 6	1 4 7	2 5 10
8 9	11 14	12 13

页码

28 背道而驰

征税官需要征得$33\frac{1}{3}$袋的变质粮食。因为3%的粮食是没有变质的，所以100袋混合粮食可以产生3袋可食用的粮食。用100除以3得出$33\frac{1}{3}$。

29 达·芬奇谜图

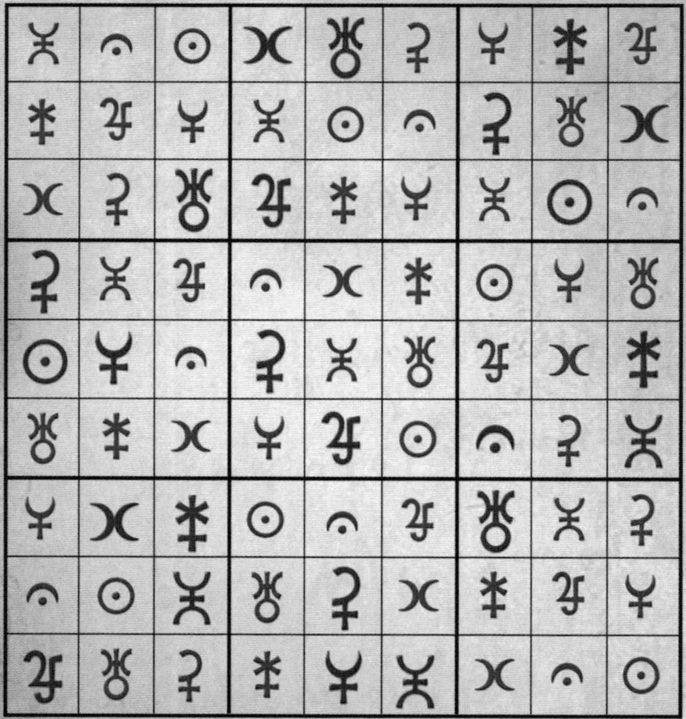

30 一群人？

三位客人。

31 仅仅一个力矩

作用在杠杆左侧边缘的逆时针力矩为：力（4个单位）乘以到中心点的距离（6个单位）等于24。右侧的绳子距离中心点是3个单位，所以挂在绳子上的物体的重量必须达到8个单位，才能保持杠杆平衡。

页码

32 **公　会**

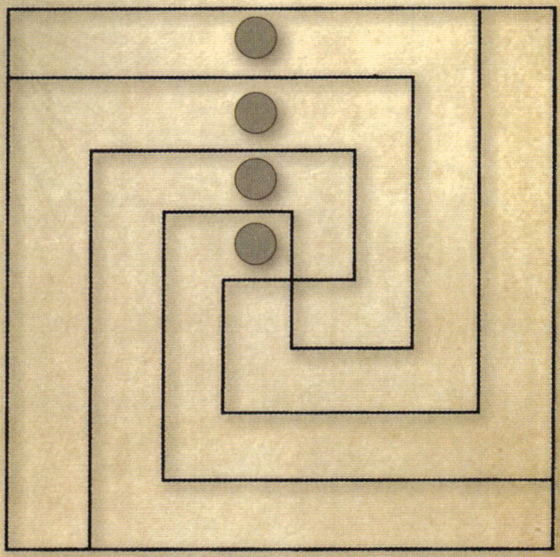

33 **艺术品的价值**

? = 11

1

7

3

4

页码

34 # 一枚硬币

从纵向摆放的硬币的末端拿起一枚硬币，放在位于横纵交叉点的硬币的上面，如图所示。

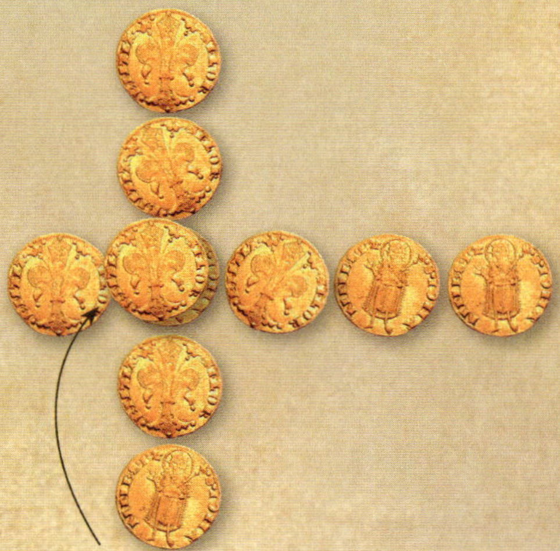

35 # 绳　子

沙莱应该把绳子的一头绑在柳树的树干上，然后抓住绳子的另一头，沿着湖边绕湖走，直到回到出发点。这样，在橡树和柳树之间有两条抻直的绳子，沙莱可以拉着这根便利的绳子游到对面的小岛上。

页码

36–37 **拼图谜题**

I II III IV V

页码

38

达·芬奇谜图

页码

39 # 时间沙漏

两个沙漏计时器同时开始计时。4分钟计时器的沙子漏完的时候，马上把计时器倒过来。此时，7分钟计时器也漏了4分钟。当7分钟计时器的沙子漏完的时候，马上把计时器倒过来。此时，4分钟计时器漏了3分钟。接着，当4分钟计时器的沙子漏完的时候，说明已经到了8分钟。而此时，7分钟计时器的沙漏正好漏了1分钟。所以，此时你要做的就是把7分钟计时器立即倒过来，等待1分钟的沙子漏完，这样就能测出9分钟。

40 # 图案识别

每行和每列都包含有：

·一个有四条胳膊的人、一个高举双臂的人和一个双臂平举的人

·两个人是正常站立的，一个人是倒立的

·一个黄色的框格，两个绿色的框格

所以空白框格内应该是绿色的，图案是一个高举双臂正常站立的人。

页码

41

迅速作答

23。

42–43

专注力谜题

44

艺术品的价值

? = 12

2　4　6　8

45 # 两枚硬币

把左边的两枚硬币（如图所示）移到所在行最右侧的位置。然后按图示方向推动这两行硬币，使所有硬币重新成为一个正方形。

页码

46–47 拼图谜题

I	II	III	IV	V

页码

48 三份工钱

公爵付给建筑师9个弗罗林，付给画家和雕塑家每人3个弗罗林。

49 盒子智力谜题

III号盒子。

III

页码

52 伤亡人数

第一个将军带兵与人数两倍于己的敌人作战。

53 骑马的人

30只眼睛表示人和马的总数为15。在这总数为15的人和马中，44条腿只能分成7个4条腿（马）和8个2条腿（人）。所以有7个人骑马，第8个人步行（犯人）。

54 # 数字谜题

答案有两种可能：

IV	IX	II
III	V	VII
VIII	I	VI

IV	III	VIII
IX	V	I
II	VII	VI

55 # 庸俗的派系斗争

罗马教皇有7个拥护者，美第奇家族有5个拥护者。

页码

56-57

拼图谜题

I	II	III	IV	V
⊕	♆	☽	⚷	⛢

页码

58 被撞倒的标志牌

把标志牌重新立起来之后，确认牌上指向他们出发地的标记箭头是正确的，那么指向沃尔泰拉的箭头也就是正确的了。

59 达·芬奇谜图

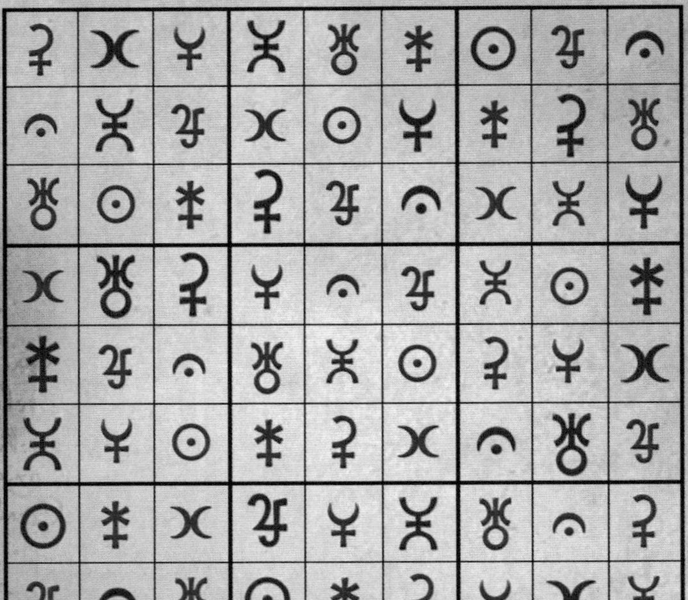

页码

60 逐天增加的佣金

666枚硬币。

61 逐渐递减的返乡人

100名士兵。

62 具体是哪一天？

沙莱将在这个月的10号学到点金术。

页码

63 # 普通分数

100的$\frac{9}{10}$是90，90的$\frac{8}{9}$是80，80的$\frac{7}{8}$是70，70的$\frac{6}{7}$是60，60的$\frac{5}{6}$是50，50的$\frac{4}{5}$是40，40的$\frac{3}{4}$是30，30的$\frac{2}{3}$是20，20的$\frac{1}{2}$是10，这就是答案。

64 # 吸引力

沙莱可以选择其中任意一根铁棒，推着它向另一根铁棒的中间靠近，两根铁棒呈T形。如果被选的铁棒有磁力，它就会把另一根铁棒吸过来。

（译者注：如果被选的铁棒没有磁力，另一根铁棒会原地不动，因为有磁性的铁棒中间的磁性最弱。）

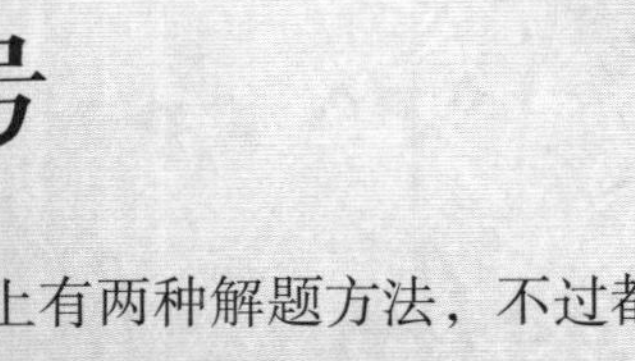

65 # 数字符号

这道题实际上有两种解题方法，不过都需要从加号上移走一根木棍，变成如下算式：

VI - II = IV

VII - II = V

页码

66–67

拼图谜题

I II III IV V

⊕ ♆ ☽ ♆ ⚷

页码

68 # 酒桶的秘密

要想找到答案，沙莱只需要简单地把酒桶倾斜至酒马上要溢出来的那一角度。此时，如果酒桶的底部恰好被酒覆盖，那么正好是半满；如果底部完全被覆盖，看不到底部，那么酒还剩多半桶；如果能够看到酒桶底部的任意一个地方，那么酒还剩少半桶。

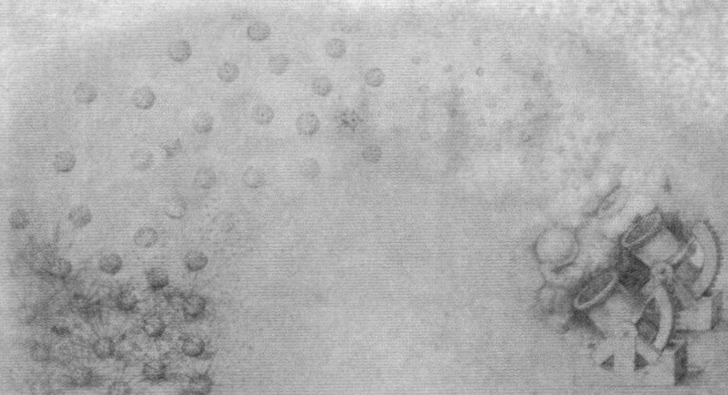

69 # 大 炮

两门炮的发射速度可能是一样的，但装炮弹的间隔时间是不同的。第一门炮在第一发和最后一发之间有4个间隔，每个间隔用时$1\frac{1}{4}$分钟。第二门炮在第一发和最后一发之间有9个间隔，每个用时$1\frac{1}{9}$分钟。这就意味着它可以在$12\frac{2}{9}$分钟内发射12发炮弹，而不是第一门炮所用的$13\frac{3}{4}$分钟。

70 # 运动的滚轮

如果这套装置悬浮在空中，那么滚轮转一圈会使瓷砖向前移动1布拉乔奥。如果在台面上，滚轮转一圈会使整个装置移动1布拉乔奥，所以瓷砖移动2布拉乔奥。

（译者注：悬浮时滚轮原地旋转，相对地面没有向前移动，只是瓷砖移动1布拉乔奥；而在台面时，滚轮装置相对地面也向前移动了1布拉乔奥，因此，瓷砖移动了2布拉乔奥。）

页码

71 达·芬奇谜图

72 准确性

第一门炮共计发射84发，28中；第二门炮共计发射75发，25中。所以这两门炮的命中率一样，都是1:3。

页码

73 应征

其中两个人擅长三项技能，而第三个人什么都不会。

74 叛变

500名士兵。

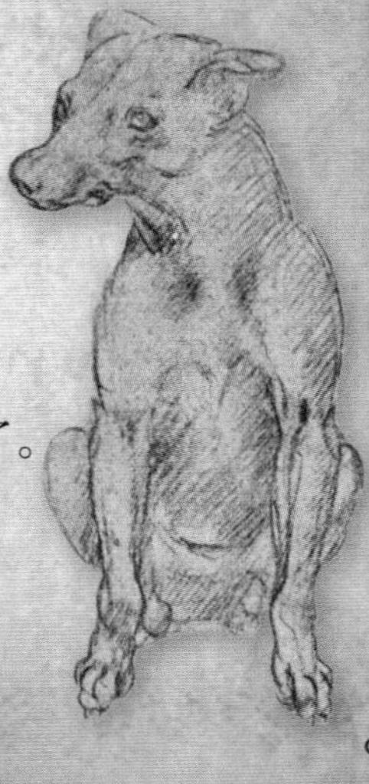

75 截止时间

切萨雷明显是在开玩笑。
如果野狗5个月都没吃东西，它们早就饿死了。

页码

76–77 拼图谜题

I II III IV V

页码

78 ## 慷　慨

秘密。

79 ## 教皇的命令

罗德里哥·波吉亚和教皇亚历山大六世是同一个人。

80 ## 赛　马

他是最后一名。在超过排在第二位的骑手的时候，他是第二名；后来被两位骑手超过之后，他就排在第四位了。

页码

81

达·芬奇谜图

页码

82 第一名竟然最后一个到达

他们骑上了对方的马，这样才能确保胜利者的马是最后一个到达终点的。

83 一滴接着一滴

只有一滴。当一滴酒滴入到酒杯里以后，酒杯就不再是空酒杯了。

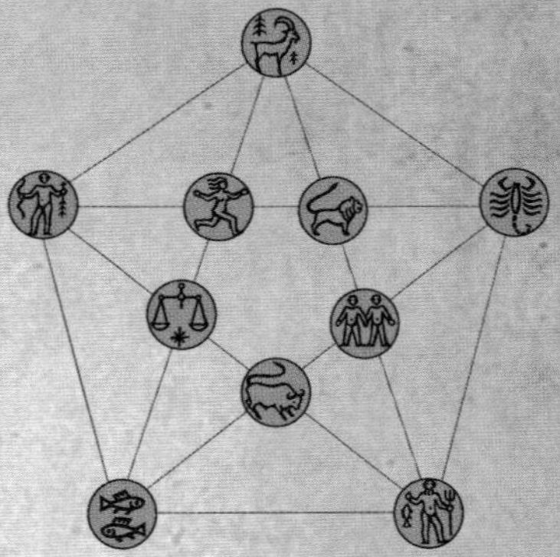

84 3的力量

在五角星里能看到35个三角形。

A B C	A C D	A F J	B C J	B I J	C I J
A B D	A C E	A G I	B D F	C D I	F H I
A B E	A C G	A I J	B D I	C E G	F I J
A B F	A C I	A I J	B E J	C E J	G H J
A B I	A C J	B C H	B F I	C G J	G I J
A B J	A D E	B C I	B H I	C H J	H I J

页码

85 ## 艺术品的价值

? = 16

2

3

4

5

86–87 ## 拼图谜题

I II III IV V

88

认知游戏

他应该沿着逆时针方向旋转把手。

89

图案识别

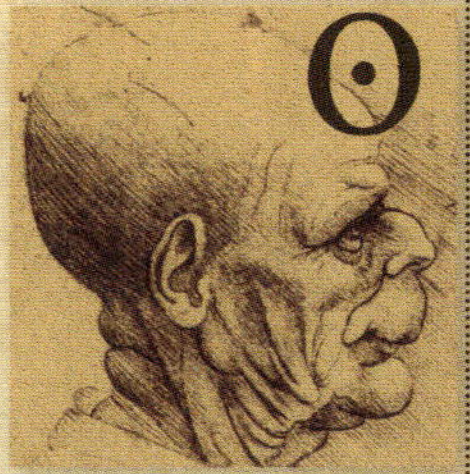

每行和每列都包含有：

·一个秃顶的男人、一个卷发的男人和一个带着帽子的男人

·一个黄色框格、一个橘色框格和一个绿色框格

·两个人面向右侧，一个人面向左侧

·一个框格里有ʘ，一个框格里有☽，还有一个框格里没有任何符号

因此，空白框格中应该是：黄色框格中有一个秃顶、面向右侧、有ʘ的图案。

专家级谜题

页码

92–93
巫 术

他在钟上覆盖了厚厚的一层雪，结果导致钟不能响了，然后为了拖延时间，他又破坏了梯子。当村民们来到放钟的地方的时候，早晨的阳光早已将雪融化了，这样就看不到任何痕迹了。

94
不信任

途中	岛上	船里	岸上
1. 小岛至岸边	1个波吉亚人、3个美第奇人	2个波吉亚人 →	
2. 岸边至小岛	1个波吉亚人、3个美第奇人	1个波吉亚人 ←	1个波吉亚人
3. 小岛至岸边	3个美第奇人	2个波吉亚人 →	1个波吉亚人
4. 岸边至小岛	3个美第奇人	1个波吉亚人 ←	2个波吉亚人
5. 小岛至岸边	1个波吉亚人、1个美第奇人	2个美第奇人 →	2个波吉亚人
6. 岸边至小岛	1个波吉亚人、1个美第奇人	1个波吉亚人、1个美第奇人 ←	1个波吉亚人、1个美第奇人
7. 小岛至岸边	2个波吉亚人	2个美第奇人 →	1个波吉亚人、1个美第奇人
8. 岸边至小岛	2个波吉亚人	1个波吉亚人 ←	3个美第奇人
9. 小岛至岸边	1个波吉亚人	2个波吉亚人 →	3个美第奇人
10. 岸边至小岛	1个波吉亚人	1个波吉亚人 ←	3个美第奇人、1个波吉亚人
11. 小岛至岸边		2个波吉亚人 →	3个美第奇人、1个波吉亚人

95
真相会给你自由

达·芬奇可以问任意一个护卫：“您能告诉我另一个护卫将告诉我哪个门是出口吗？”然后，他要求从另一个门出去就可以了。

页码

96 # 达·芬奇谜图

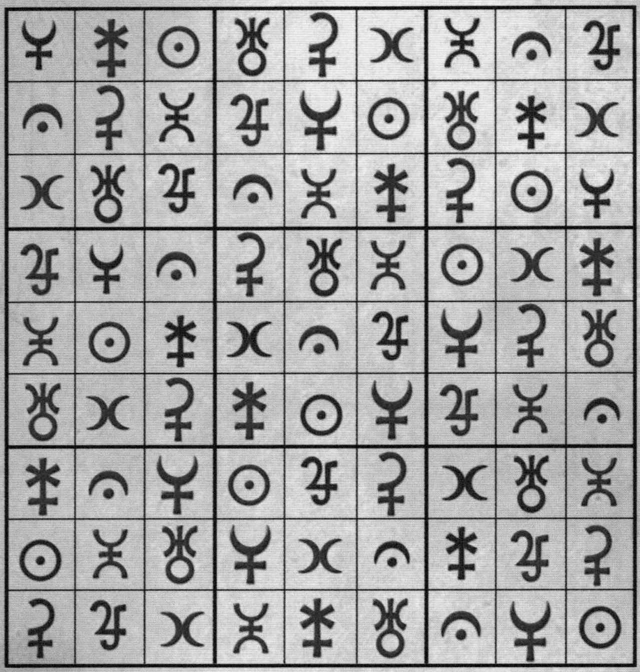

97 # 帽 子

阿尔贝托获得了学徒资格。卡斯珀能够看到阿尔贝托和本尼托。如果他们的帽子是一样的颜色，他就会知道他自己的帽子是另一种颜色，那么，他会马上做出回答。在卡斯珀保持沉默的时候，阿尔贝托推断出，卡斯珀看到的是两种颜色的帽子，所以阿尔贝托非常自信地判断出，他的帽子与本尼托的帽子颜色是不同的。

页码

98

更多的帽子

有7种可能的组合。在最先的两种情况中，两个孩子戴的是白色的帽子，所以第三个孩子马上就知道他自己戴的是黑色的帽子。

第四种情况是，在埃斯特凡说他不知道的时候，这暗示出他看到的两顶帽子，要么是一顶黑色和一顶白色的，要么是两顶黑色的；所以费尔南多在看到埃斯特凡的帽子是黑色的，而加百利的帽子是白色的时候，便知道自己戴的一定是黑色的帽子。其余的情况是，如果埃斯特凡和费尔南多都不知道自己戴的帽子的颜色，那么加百利的帽子就一定是黑色的。

埃斯特凡	费尔南多	加百利	结果
黑色	白色	白色	埃斯特凡说“黑色”
白色	黑色	白色	费尔南多说“黑色”
白色	白色	黑色	埃斯特凡和费尔南多都说“不知道”
黑色	黑色	白色	埃斯特凡说“不知道”，费尔南多说“黑色”
黑色	白色	黑色	埃斯特凡和费尔南多都说“不知道”
白色	黑色	黑色	埃斯特凡和费尔南多都说“不知道”
黑色	黑色	黑色	埃斯特凡和费尔南多都说“不知道”

页码

99 ## 掺假的金币

达·芬奇把九枚金币平均分成三堆。他先把第一堆和第二堆金币分别放在天平两端的秤盘上，如果第一堆或者第二堆的重量更重，那么这一堆就是有嫌疑的一堆（这一堆里有那枚假币）。如果秤的两侧在同一水平线上，那么第三堆就是有嫌疑的那堆。

一旦达·芬奇确定了有嫌疑的那堆金币，他就把另外两堆金币放在一边，然后，他从有嫌疑的那堆里拿出两枚金币，分别放在天平两侧的秤盘上，手里拿着剩下的一枚金币。如果秤的某一侧更重，那么这个秤盘上的金币就是假的。如果秤两边保持平衡，那么达·芬奇手里的金币就是假的。

100-101 ## 拼图谜题

102 无中生有

像这样，如图。

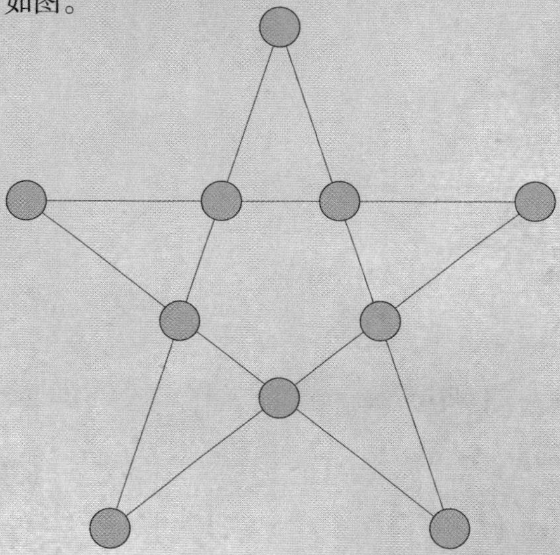

103 最后一根稻草

切萨雷应该拿2根稻草，这样还剩9根。

如果乔凡尼拿3根，则切萨雷拿1根；如果乔凡尼拿2根，则切萨雷拿2根；如果乔凡尼拿1根，则切萨雷拿3根，这样都剩下5根，则乔凡尼一定赢不了。接下来，如果乔凡尼拿3根，则切萨雷拿1根；如果乔凡尼拿2根，则切萨雷拿2根；如果乔凡尼拿1根，则切萨雷拿3根。这几种情况下，都剩下1根，这样，乔凡尼一定会在下一轮拿到最后1根稻草。

页码

104

棋 子

移动4次棋子，并使用2个手指一次移动2个棋子，如下：

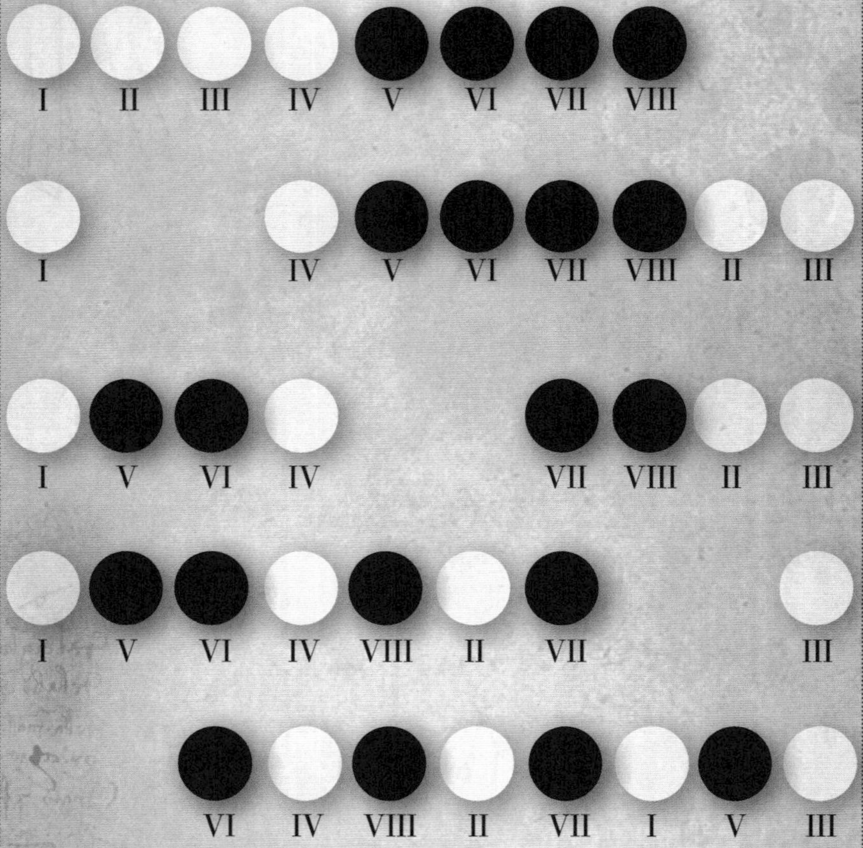

页码

105

达·芬奇谜图

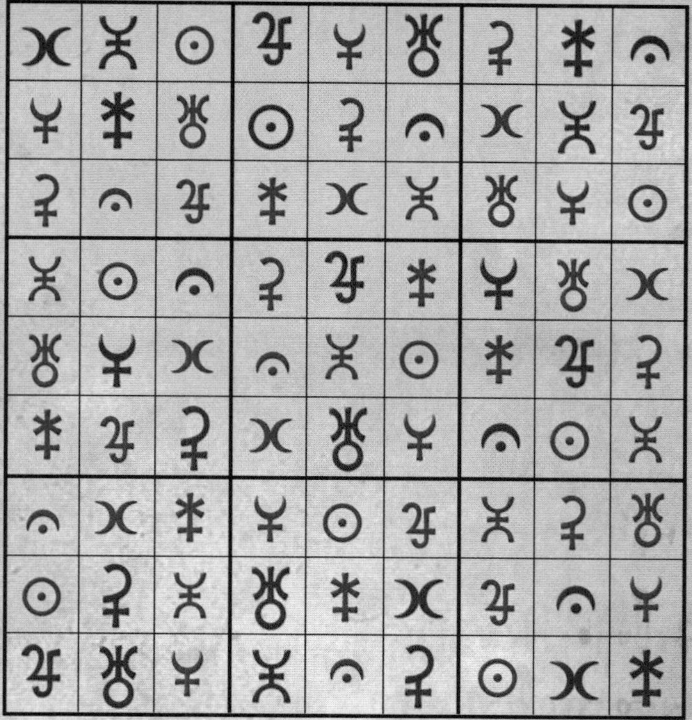

页码

106 酒瓶

达·芬奇拿起第二个酒瓶（II），将里面的酒倒入第五个酒瓶（V）中，如图。

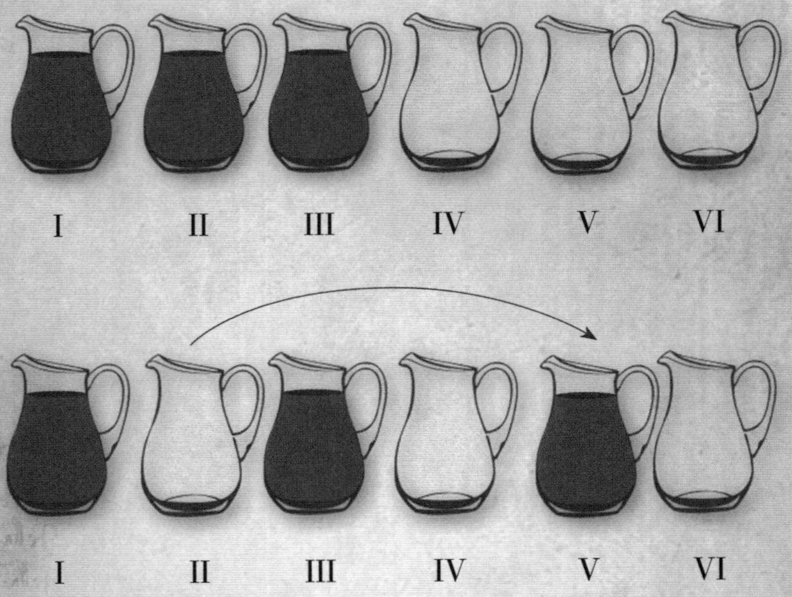

页码

107
通信兵

当这两个军队相遇的时候，他们各自走了60弗隆，因为他们的速度是每小时10弗隆，相遇则要用时6个小时。用6小时乘以通信兵的速度就可以得出他骑马跑过的总距离是480弗隆。

108
战　斗

假设在战斗前，士兵总数是x;

在战斗结束时，士兵总数是y。

那么，阵亡士兵人数的计算表达式是：

$x-y=x/2+10$或者$x=2(y+10)$

从最后一场战斗（这场战斗中，领主剩余的士兵全部阵亡）往回计算，$y=0$，所以计算$2(y+10)$得出，在该战斗之前共有20名士兵，因此，我们知道了y在第4场战斗中是20。

第4场战斗　2（20+10）=60 人

第3场战斗　2（60+10）=140 人

第2场战斗　2（140+10）=300 人

第1场战斗　2（300+10）=620 人 （即战役开始前领主所带领的士兵的总数）

109 # 土地分配

教皇是这样分割的，如下图：

页码

110–
111

宝 藏

这两幅肖像画中，一幅是达·芬奇本人，另一幅是丽莎·戴尔·吉奥亢多。标记中没有字母E，所以可以排除“Leonardo（达·芬奇）”。但是，请记住达·芬奇喜欢倒着写字。

一旦拉动杠杆A、S、I和L，则所有16块瓷片就会显示出“Mona Lisa（蒙娜丽莎）”。

页码

112 异 教

“口中的东西不会成为人的罪过，出自于口的东西才会成为人的罪孽。”

因为这句话，达·芬奇从袋子里拿出一颗葡萄，在人们还没有看清它的颜色的时候就放进了嘴里。

他把葡萄吞了下去，然后说道：“对不起，这句经文使我非常饥饿。但是不用担心，你们可以查看一下袋子里剩下的那颗葡萄的颜色，这样就可以确定我吃掉的那颗葡萄的颜色了。”

113 间 谍

第一个间谍说的不可能是真话，因为如果他说的是真话，那么第三个间谍的话也是真话。

第三个间谍说的不可能是真话，因为另外两个间谍证实了他的话，但不可能三个人说的都是真话。

第二个间谍说的可能是真话，但仅仅是在第三个间谍说了谎话的情况下。因此，在这个地区根本没有法国支持者！

页码

114–
115

拼图谜题

I	II	III	IV	V	VI
⊕	☽	♄	♅	⚷	♆

页码

116 自我实现的预言

数字1出现3次，
数字2出现2次，
数字3出现3次，
数字4出现1次，
数字5出现1次。
（译者注：每列相加的结果是1、3、5、7、9）。

117 1000天的罪恶

我们必须把布道者也算到异教徒的人数中，于是，这个问题就成为：从第一天到第1000天，共有多少异教徒成员？

这样就比原题的叙述更容易解答了：把第一天和最后一天加到一起。也就是：

1000+1=1001

把第二天和倒数第二天相加就是：

999+2=1001

所有的500对都是这样计算。

因此，从第2天开始每天增加1个人。你可以非常容易地用999乘以500就得到答案了（但是不要忘了牧师本人）。

499501名异教徒。

页码

118

达·芬奇谜图

页码

119 旋转的金币

第二枚金币旋转了两周。

120 守卫室

当守卫走进塔楼的时候，达·芬奇开始过桥。

当他到达桥的中间时，转过身向着西尼斯特拉的方向往回走，而此时正好守卫从塔楼里出来。

“哎，你想到哪去？回来！”守卫挥舞着手中的弓弩，边威胁边喊，“马上回到戴斯特拉去！”达·芬奇顺从地走了过去，尽力控制自己不要笑出声来。

页码

121

金币的概率

看起来好像是“三分之一”，如果先拿出了一枚金币，再拿第二枚硬币，拿到的还是金币的概率的确是三分之一，这样的话，“三分之一”好像是完全正确的。但事实上，要一次从袋子里拿出两枚硬币，那么，两枚硬币的组合一定会是以下几种情况：

金币（1） 金币（2）

金币（1） 银币

金币（2） 银币

金币（1） 铜币

金币（2） 铜币

铜币 银币

很明显，铜币、银币组合是不可能的。但是，仍然还有5种组合是可能的。所以，事实上概率应该是五分之一。

122

钱袋子

从第一个钱袋子里仅仅拿出2枚硬币，这样就有两种可能性：

1. 第一个钱袋子里有3枚A类型的硬币、3枚B类型的硬币和1枚C类型的硬币；第二个钱袋子里有3枚A类型的硬币、3枚B类型的硬币和5枚C类型的硬币。

2. 第一个钱袋子里有3枚A类型的硬币、2枚B类型的硬币和2枚C类型的硬币；第二个钱袋子里有3枚A类型的硬币、4枚B类型的硬币和4枚C类型的硬币。

7枚硬币必须都放回第一个钱袋子里才能确保钱袋子里每种类型的硬币至少有2枚。这个答案是从第一个可能假设中推断出来的，也就是假设放回到第一个钱袋子里的硬币是3枚A类型的硬币、3枚B类型硬币和1枚C类型硬币。

所以，在第二个钱袋子里有4枚硬币。

123

是人都会犯错

这个是黄金分割数列——后一个数字是前两个数字之和，所以数字22应该改成21。

0 → 1 → 1 → 2 →
3 → 5 → 8 → 13 →
21 → 34 → 55 → 89 →
144

页码

124–
125

拼图谜题

I	II	III	IV	V	VI
♄	⚷	♅	♆	☽	⊕

页码

126 力量对抗

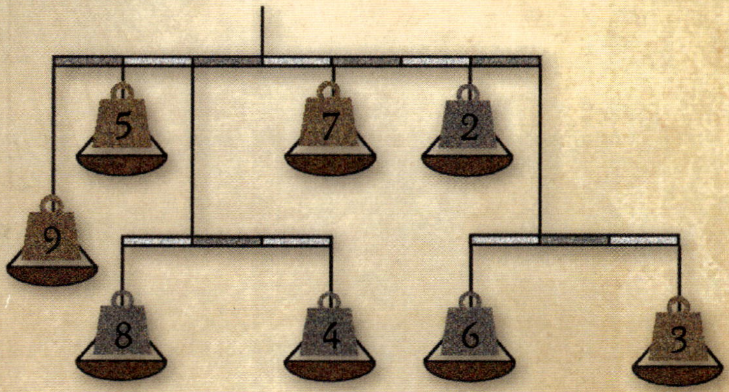

127 秘密的账本

4　1　3　2

页码

128

领 土

贵族　　牧师

商人　　律师

学者　　艺术家

页码

129

山

页码

132 ## 多次折叠

我们假设这张羊皮纸是0.25毫米厚（相当于0.01英寸）。

折叠次数	层数	厚度
1 2	0.5毫米	（0.02英寸）
2 4	1毫米	（0.04英寸）
3 8	2毫米	（0.08英寸）
4 16	4毫米	（0.16英寸）
5 32	8毫米	（0.32英寸）
10 1024	25.6厘米	（10.08英寸）
20 1048576	262.14米	（860英尺）
30 1073741824	268.44千米	（166.8英里）

折叠30次之后，羊皮纸的厚度不仅超出了房间的高度，而且完全可以达到从那不勒斯到罗马的距离！

133 ## 悖　论

这个悖论是由埃利亚的芝诺提出的，芝诺是古希腊哲学家，比达·芬奇生活的年代大约早2000年。这个悖论表现出赛跑者（在芝诺的叙述中是阿基里斯）永远不会追上乌龟，因为我们把赛跑者到乌龟的距离以10为单位无穷尽地进行了分割。事实上，阿基里斯会在$1111\frac{1}{9}$尺的地方追上乌龟。

页码

134

达·芬奇谜图

135 # 现　金

要想达到分配目的，可使用的最少金币数量如下：

1+2+3+4+5+6+7+8+9

结果等于45，因此，答案是：做不到。

页码

136–137

拼图谜题

I II III IV V

♆ ♅ ☽ ⚷ ⊕

页码

138

集会游戏

要想赢，这位女士必须把硬币扔到2×2平方英寸的方格的阴影部分。如图。

赢的区域是1平方英寸，所以方格剩下的未被覆盖的区域是3平方英寸，因此摊主赢的概率是3∶1。因此，对赢的一方，最公平的奖励应该是3个弗罗林，再加上原来的赌资。摊主能否取胜取决于方格间隙的宽度的大小。

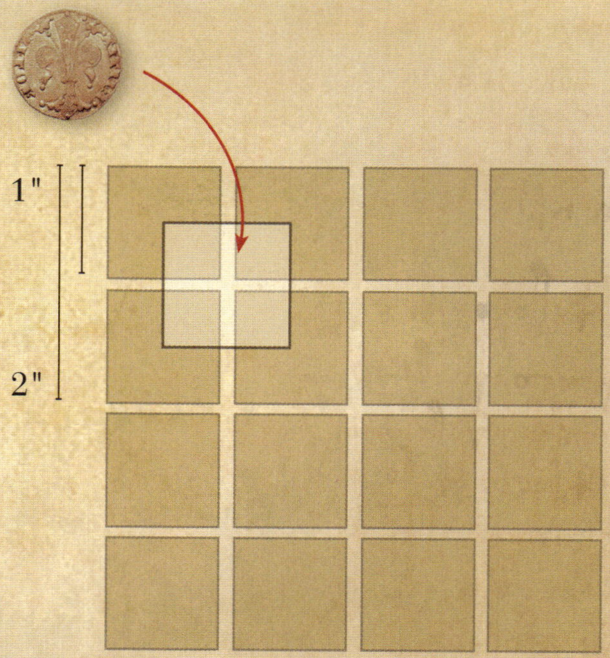

页码

139 # 多边形

尽管圆的半径增长得非常快，但是它们的极限大约是原始半径的8.7倍。所以18英尺的正方形羊皮纸就足够了。

140 # 维特鲁威人

页码

141 # 五边形

每个五边形所包含的数字相加等于20，相邻的两个五边形相距最近的两个边上的数字相加等于10。

142

被分割的王国

143

达·芬奇谜图

页码

144

再一次被分割的王国

页码

145 # 致命的逻辑

	权力	金钱	报复	红衣主教	大使	领主	敲诈	谋杀	引诱
切萨雷			X		X			X	
卢克雷齐娅		X		X					X
乔凡尼	X					X	X		
敲诈	X					X			
谋杀			X		X				
引诱		X		X					
红衣主教		X							
大使			X						
领主	X								

为了报复，切萨雷杀死了红衣主教。
卢克雷齐娅为了钱引诱了红衣主教。
乔凡尼通过敲诈领主最终得到了权力。

页码

146

领 土

贵族

商人

学者

牧师

律师

艺术家

页码

147 一块儿蛋糕

第一位客人切下了一块儿蛋糕，他认为这一块儿是比较平均的四分之一份。第二位客人如果认为这块儿蛋糕比四分之一大的话，他可以切下稍小一些的一块儿，或者，他把蛋糕递给另一位也有选择权的客人。如果最后一位切蛋糕的客人认为这块儿蛋糕不用再做任何改变，就可以把这块儿蛋糕返还给第一位客人。接着，轮到第二位客人从剩下的蛋糕中再切下一块儿蛋糕。

148–149 拼图谜题

页码

150 # 关　系

假设他们的父亲都已经过世，他们又分别娶了对方的母亲。他们每个人与新的妻子共有一个儿子：阿尔贝托和本尼迪克特。这两个儿子成为了对方的父亲的异性兄弟，因此他们彼此成为对方的叔叔和侄子。

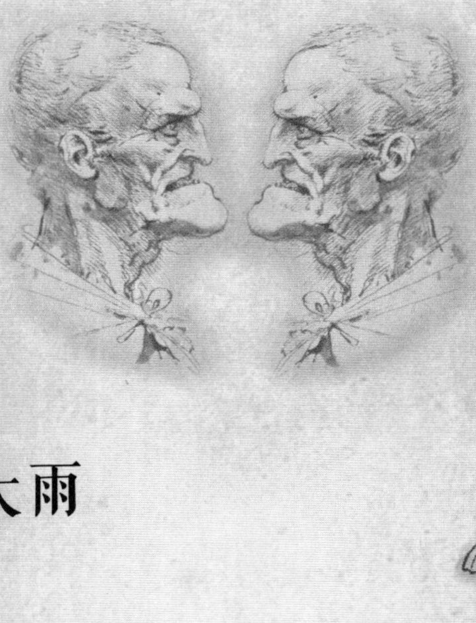

151 # 天降大雨

这是第五个牧师的葬礼，另外四个人下雨前正抬着他的棺材。

页码

152 # 佣　金

	500弗罗林	750弗罗林	1000弗罗林	一匹马	本人	“童贞”圣母马利亚	油画	壁画	雕像
斯福尔扎	X			X			X		
波吉亚		X			X			X	
美第奇			X			X			X
油画	X			X					
壁画		X			X				
雕像			X			X			
一匹马	X								
本人		X							
“童贞”圣母马利亚			X						

斯福尔扎花500弗罗林，雇达·芬奇画一匹马的油画。

波吉亚花750弗罗林，雇达·芬奇制作一幅自画像的壁画。

美第奇花1000弗罗林，雇达·芬奇雕塑了一座“童贞”圣母马利亚的雕像。

页码

153 # 路　标

7个路标。这些路标显示出连续的素数。

17英里　13英里　11英里　7英里　5英里　3英里　2英里

154 # 数字谜题

10	9	14
15	11	7
8	13	12

页码

155

达·芬奇谜图

156
艺术品的价值

? = 25

4

5

6

9

157
逻辑框

把方框中上面的两个数字加起来，再把方框中下面的两个数字也加起来，将相加的两个结果相乘，就得到了中间的数字。

13		6
	209	
8		3

7		9
	272	
5		12

11		3
	224	
2		14

页码

158 # 价值判断

达·芬奇的价值是9。每个艺术家的价值就是他们名字中元音个数的平方。

159 # 后　果

85。如果假设断了胳膊的46个人同时也断了一条腿，伤口也感染了，那么，你可以从所有士兵人数（131）中减掉46人，得出85。

既然这个数字远远低于全部的受伤人数（112），那么这个数字则是可以恢复健康的士兵的最大人数。

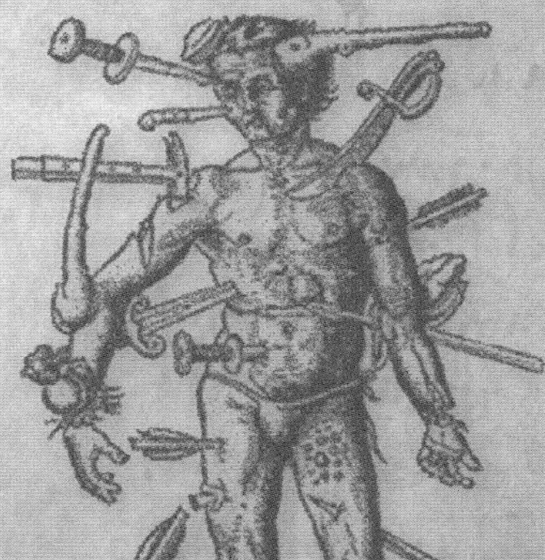

页码

160–161

拼图谜题

I	II	III	IV	V

162 # 一把旋转的锁头

8个齿的齿轮转22.5圈时，9个齿的齿轮转20圈，10个齿的齿轮转18圈，18个齿的齿轮转10圈。

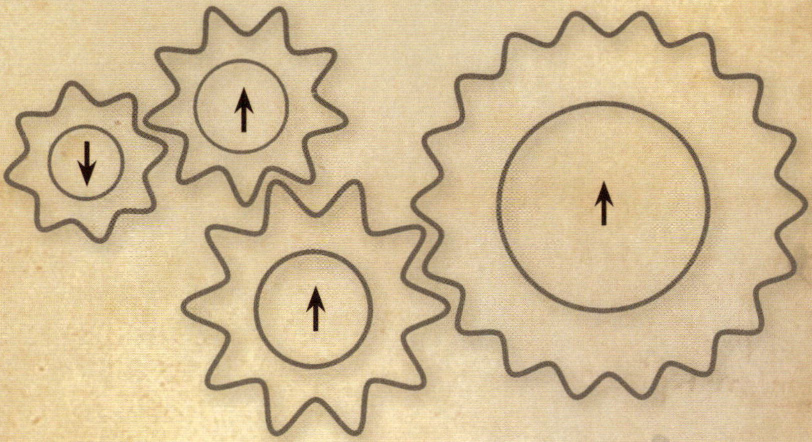

163 # 艺术品的价值

？ = 45

5	4	19	2

页码

164 力量对抗

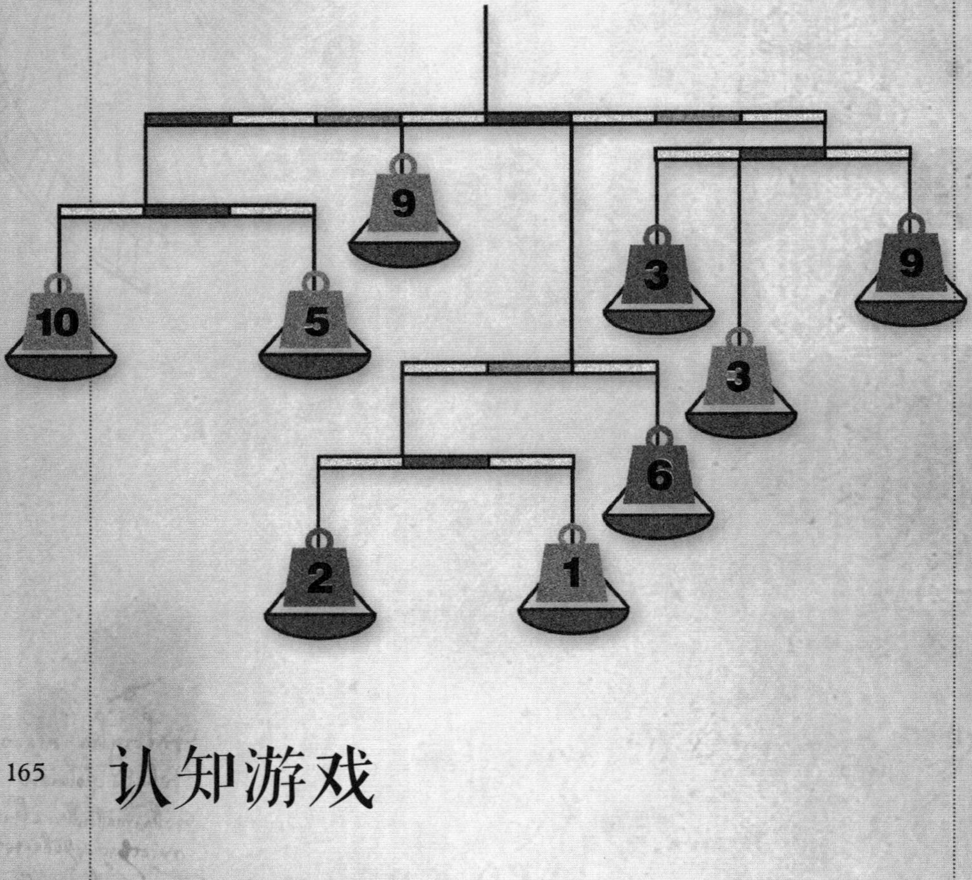

165 认知游戏

将上升。